피타고라스가 들려주는

수 이야기

피타고라스가 들려주는

수 이야기

ⓒ 서정욱, 2008

초판 1쇄 발행일 2008년 10월 6일
초판 10쇄 발행일 2021년 4월 28일

지은이   서정욱
펴낸이   정은영
펴낸곳   (주)자음과모음

출판등록   2001년 11월 28일 제2001-000259호
주소   04047 서울시 마포구 양화로6길 49
전화   편집부 (02)324-2347 경영지원부 (02)325-6047
팩스   편집부 (02)324-2348 경영지원부 (02)2648-1311
e-mail   jamoteen@jamobook.com

ISBN 978-89-544-0827-1 (64100)

피타고라스가 들려주는

수 이야기

서정욱 지음

|주|자음과모음

여러분은 이제 저와 함께 철학 여행을 떠나게 됩니다. 이 책에서는 고대 그리스 철학자 중에서 신비로운 사람으로 알려진 피타고라스에 대해서 다루고자 합니다.

피타고라스는 에게 해의 여러 섬 중 사모스라는 섬에서 태어났다고 전해지는데 확실하지는 않습니다. 피타고라스의 아버지는 보석 공예로 많은 돈을 벌어서 여러 곳을 돌아다니다 사모스 섬에 정착했다고 합니다. 그리고 거기서 피타고라스가 태어났다고 하지요.

피타고라스는 사모스 섬에서 유명한 철학자였던 페레키데스로부터 교육을 받고 당시 고대 그리스보다 문명이 발달했던 이집트와 페르시아 지방으로 더 공부를 하기 위해 떠났습니다.

여러 나라에서 천문학, 수학, 기하학, 점성술 등 다양한 분야를 공부한 피타고라스는 고향인 사모스 섬으로 돌아왔습니다. 사모스에서는 폴리크라테스가 정치를 하고 있었는데, 그는 피타고라스에게 자신의 아들을 교육시켜 달라고 부탁하였답니다. 하지만 폴리크라테스는 백성들을 위해서 좋은 정치를 한 것이 아니라 독재를 하였습니다. 매우 도덕적이었던 피타고라스는 폴리크라테스의 폭정을 참지 못하고 사모스를 떠나고 말았습니다. 이후 피타고라스는 이탈리아 남쪽 크로톤에서 자신의 뜻을 펴기 위해 제자를 가르치기 시작했습니다.

피타고라스는 사람들을 가르치며 공동체를 구성하였는데 이것이 그 유명한 피타고라스학파입니다. 당시만 해도 여자나 노예는 교육을 받지 못했지만 피타고라스학파에서는 모든 사람이 교육을 받을 수 있었습니다. 그리하여 피타고라스학파는 점점 그 숫자가 늘어났습니다.

피타고라스는 주로 철학과 수학을 가르쳤습니다. 그는 기본적으로 세상의 원질이 '수' 라고 생각했습니다.

만약 세계가 진화하였다면, 어디에서부터 시작되었을까요? 고대 그리스 철학자들은 하나의 특정한 물질에서 만물이 시작되었다고 생각했습니다. 그리고 그런 물질을 '원래의 물질' 이란 뜻으로 '원질' 이라고 했습니다. 하지만 피타고라스는 원질을 물질이라 생각하지 않고 수라고 보았던 것이지요. 이것이 피타고라스가 철학사에 남긴 가장 유명한 업적입니다.

피타고라스는 철학뿐 아니라 수학에서도 많은 업적을 남겼습니다. 그

중에서 가장 유명한 것은 바로 '피타고라스 정리' 입니다. 여러분도 잘 알고 있듯이 삼각형 두 변의 길이가 주어지면 나머지 한 변을 알 수 있다는 것이 바로 피타고라스 정리이죠.

뿐만 아니라 피타고라스는 우주를 뜻하는 '코스모스(Cosmos)'라는 말을 가장 먼저 사용한 철학자입니다. 코스모스는 조화를 뜻하기도 합니다. 그는 우주의 조화가 바로 수에 의해서 이루어져 있다고 했지요. 따라서 피타고라스는 수야말로 가장 지혜로우며, 조화야말로 가장 아름답다고 주장했습니다.

이처럼 많은 업적을 남겼음에도 피타고라스는 자신의 이름으로 어떤 책도 발표하지 않았습니다. 오히려 피타고라스는 이 모든 공을 피타고라스학파에게 돌렸습니다. 그렇기 때문에 사람들은 피타고라스의 겸손함을 높이 사기도 합니다.

피타고라스는 피타고라스학파에서 철학만을 가르친 것이 아니라 종교도 함께 가르쳤습니다. 사모스에서 피타고라스를 가르친 신비주의자 페레키데스는 윤회 사상을 갖고 있었다고 합니다. 또한 피타고라스는 페르시아 지방에서 점성술과 선과 악에 대한 이론도 배웠기 때문에 종교적인 지식도 많았던 것이죠.

후세 사람들은 피타고라스가 공동체 안에서 종교를 가르쳤다 하여 사이비 교주라고 부르기도 합니다. 그리고 피타고라스가 자신의 학파에서 철학과 수학, 천문학, 종교 외에 또 어떤 것들을 가르쳤는지도 분명하지 않습니다. 하지만 중요한 것은 피타고라스가 철학과 수학에 남긴 업적일 것입니다. 그건 어느 누구도 부정할 수 없지요.

피타고라스가 들려주는 수 이야기, 참 재미있겠죠? 그럼 지금부터 피타고라스가 수를 어떻게 생각했는지 우리 모두 함께 살펴볼까요?

2008년 9월

서정욱

C O N T E N T S

프롤로그

"언니? 비행기가 이륙하나 봐!"

가람이가 창밖을 내다보며 소리쳤습니다. 이륙 준비를 마친 비행기가 하늘을 날고 있었습니다. 나는 제주도로 수학여행을 가면서 비행기를 타 본 적이 있지만 가람이는 비행기를 처음 타 보는 것이었어요. 해외여행이 처음이기는 둘 다 마찬가지였지만요.

우리는 지금 배낭여행을 하기 위해 이탈리아로 가고 있답니다.

"정말 이탈리아로 가는 거야?"

가람이는 잠시도 쉬지 않고 물었습니다. 좀처럼 흥분이 가라앉지 않았나 봅니다.

가람이는 계속 창밖을 내다보았습니다. 흰 구름이 몽실몽실 떠다니고 있었습니다. 폴짝, 하고 뛰어내리면 구름 위에 올라설 수 있을 것만 같았어요.

가람이가 구름에 정신이 팔린 동안 비행기 안은 조용하기만 했습니다. 그때 가람이가 퍼뜩 고개를 돌리며 큰소리로 물었습니다.

"언니, 이탈리아까지 몇 시간이나 걸려?"

나는 가람이에게 면박을 주었습니다.

"열한시간이라고 이모가 알려 줬잖아."

"쉿, 너희들 조용히 좀 해."

이모가 눈치를 주며 야단을 쳤습니다. 가람이 때문에 나까지 예의 없는 아이가 되어 버렸지 뭐예요! 하지만 이모를 이해해야 했어요. 우리가 큰 소리로 떠드는 바람에 이모는 부끄러워서 얼굴이 빨갛게 달아올랐거든요. 나는 그런 막내 이모가 무척 귀여웠습니다.

이모는 이탈리아에서 유학 중입니다. 그래서 우린 방학을 이용해 이모와 함께 이탈리아 배낭여행을 가게 된 것이죠. 막내 이모는 한국에 있는 대학에서 수학을 전공했다고 합니다. 지금은 이탈리아 대학원에서 공부를 하는 중입니다.

"이모, 이탈리아에는 뭐가 유명해?"

가람이가 작은 목소리로 물었습니다.

"이탈리아는 많은 유적지가 있지. 베네치아 광장, 로마 공회장, 콜로세움……."

"콜로세움?"

가람이가 이모의 말을 자르며 물었습니다.

"콜로세움의 정식 이름은 홀라비오 원형 극장이야."

"홀라비오?"

"홀라비오 황제 때 세워져서 그런 이름이 붙은 거야. 여기서는 검투사 시합 같은 것이 벌어지곤 했지."

"와아, 유민이 대단하다. 언제 그런 것까지 조사했어?"

이모가 놀라며 말했습니다.

"어디어디 가야 할지 미리 자료를 찾아 봤지."

나는 인터넷을 통해 관광지에 대한 정보를 알아보고 출발했기 때문에 가람이에게 설명해 줄 수 있었습니다.

"이모. 또 뭐가 있어?"

"교황님이 계시는 바티칸이 있고, 폼페이, 나폴리, 피사 등 유적들을 간직한 도시들이 무척 많아."

"이모. 난 피사에 있는 사탑을 꼭 보고 싶어."

가람이가 자기도 피사의 사탑 정도는 알고 있다는 듯이 으쓱하며 말했습니다.

"그래? 유민이는 어디를 제일 가 보고 싶니?"

"난 말이야, 이모. 폼페이에 가 보고 싶어. 화산에 묻혔던 고대 폼페이 유적을 꼭 한번 가 보고 싶었거든."

"우린 아마 피타고라스를 제일 먼저 만나게 될 것 같은데?"

이모가 상상의 나래를 펴고 있는 우리에게 말했습니다.

"피타고라스?"

나는 얼마 전에 배운 피타고라스·정리가 생각났습니다.

"피타고라스가 누군데?"

가람이가 호기심이 가득한 얼굴로 물었습니다.

"피타고라스는 철학자이며 수학자이고 종교인이기도 해."

이모는 피타고라스에 대해 설명해 주기 시작했습니다. 뭔가 재미있는 이야기를 들을 줄 알았던 가람이는 이모의 말이 재미없는지 입을 쩍 벌리며 하품을 했습니다. 가람이의 눈가에 눈물이 맺혔습니다. 가람이는 몸을 의자 깊숙이 묻었습니다. 아무래도 잠이 쏟아지는 모양입니다.

"자려고?"

가람이는 스르르 눈을 감으며 말했습니다.

"응. 피타고라슨지 피아니스튼지 난 관심 없어……."

나와 이모는 가람이의 말에 소리 내어 웃었습니다. 가람이는 가끔 엉뚱한 소리를 해서 우리 가족이 웃음보를 터뜨리게 한다니까요.

가람이가 잠에 빠지자 나도 갑자기 피곤이 몰려왔습니다. 사실 가람이와 나는 어젯밤에 한숨도 못 잤거든요. 여행에 대한 설렘 때문에 도무지 잠을 잘 수가 없었습니다.

'언니, 우리 정말 이탈리아에 가는 거 맞지?'

가람이는 이불 속에 누워서도 30초에 한 번씩은 이탈리아에 가는 게 맞냐고 물어보았던 것 같아요.

'맞아.'

'언니, 우리 뭐 빠트린 거 없지?'

'없어.'

'아, 정말 빨리 비행기 타고 싶다.'

'그러니까 빨리 자.'

'언니는 어디를 제일 먼저 가고 싶어?'

'너 정말 안 잘 거야?'

그렇게 밤을 꼴딱 새고 말았던 거예요. 가람이에게 핀잔을 주긴 했지만 사실 나도 잠이 안 오기는 마찬가지였습니다.

이모의 말을 듣는 동안 나도 잠이 쏟아졌습니다.

"이모 나도 졸려."

"그래? 도착하려면 아직 멀었으니까 한숨 푹 자."

이모는 기내에서 나눠 주는 작은 담요를 펼쳐 가람이와 내 무릎에 덮어 주었습니다. 담요를 덮으니 따뜻하고 포근에서 온몸이 녹아내리는 것 같았습니다. 가람이는 벌써 깊은 잠에 빠져들었는지 새근새근 숨소리만 내고 있었습니다. 내 눈도 어느새 스르르 감기기 시작했습니다.

비행기에서 푹 자고 나면 이탈리아 하늘 위에서 눈을 뜰 수 있을 거예요. 와, 정말 신나네요!

이탈리아에 왔어요!

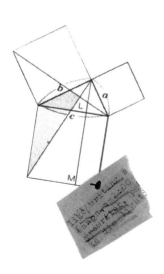

세상에서 가장 지혜로운 것은 무엇인가? 숫자이다.
그러면 가장 아름다운 것은 무엇인가? 조화이다.

— 루치아노 데 크레센초, 《그리스 철학사》 1권 중

1 이탈리아의 냄새

"와, 이 바람 냄새! 이탈리아야, 내가 왔다!"

공항에서 시내로 가는 택시를 타고 가는데 가람이가 창밖에 대고 소리쳤습니다. 게다가 창밖에 고개를 내밀고 손을 흔들기까지 했습니다.

나도 상쾌한 바람 냄새에 고개를 내밀어 보았습니다. 정말 여행 오길 잘한 것 같아요. 지나가는 사람들이 가람이와 내가 벌이는 소동을 보고 깔깔거리며 손을 흔들어 주었습니다.

"이모, 이모는 애인 없어?"

갑자기 차 안으로 시선을 돌리며 가람이가 물었습니다.

"애인?"

"응, 이탈리아 애인 없냐고?"

"흐음, 글쎄……. 왜?"

"여기 아저씨들 정말 멋져 보여!"

가람이는 지나가는 이탈리아 남자들을 가리키며 말했습니다. 이모는 가람이의 말에 배꼽을 잡고 웃었습니다. 그런 이모를 보니 정말 뭔가 있는 것도 같았습니다. 이모가 유학을 온 지도 벌써 3년이나 되었는데, 가람이의 말이 영 터무니없지는 않겠지요?

"이모, 애인 있으면 우리도 소개해 줘."

이번에는 내가 이모에게 말했습니다.

"얘들이 정말! 이모 정말 애인 없어. 됐니?"

이모는 우리를 향해 또박또박 말했습니다.

"나도 나중에 이탈리아로 유학 올까?"

가람이가 말했습니다.

"왜?"

"그럼 멋진 이탈리아 남자 친구를 만들 수 있잖아."

가람이다운 대답이었습니다.

"가람이 너 공부 열심히 해야 유학도 올 수 있다."

나는 가람이에게 핀잔을 주었습니다. 가람이는 대꾸를 하려다 말고 입만 삐죽였습니다.

"여러 나라를 돌아다니면 견문을 넓힐 수 있어서 좋지. 피타고라스도 외국을 돌아다니며 공부했거든."

이모가 피타고라스 이야기를 꺼냈습니다.

"피타고라스? 아하, 아까 말한 그 아저씨?"

가람이가 눈을 동그랗게 뜨고 물었습니다. 고리타분한 옛날 사람인 줄 알았는데 그때 사람들도 유학을 갔다니 호기심이 생긴 모양입니다.

"피타고라스는 원래 사모스라는 섬에 살았는데 이집트에서 수학과 논리학을 공부했어. 그런 다음 칼데아 지방으로 가서 천문학을 배우고, 또 페니키아로 가서 논리학과 기하학을 배웠지."

"페니키아가 어딘데?"

"페니키아는 레바논의 수도 베이루트를 중심으로 있었던 옛날 도시야."

가람이의 질문에 이모가 지도를 꺼내며 대답했습니다. 한국을 떠나며 챙겼던 유럽 지도가 우리 앞에 쫙 펼쳐졌습니다. 이모는 지도상에서 위치를 콕콕 짚어 주며 이야기했습니다.

"페니키아는 메소포타미아와 이집트가 만나는 곳에 위치해. 두 지역의 문화적 영향을 많이 받은 곳이지. 기원전 3천 년 정도부터 이집트와 활발하게 교역을 했어."

"그럼 피타고라스는 이집트 문화의 영향을 받으면서 수학, 천문학, 논리학, 기하학을 배운 거네?"

"그렇지."

"그럼 페니키아에서 유학을 마치고 다시 살던 곳으로 돌아갔다는 거야?"

가람이의 질문이 계속 이어졌습니다.

"아니. 피타고라스는 페니키아에서 유학을 마친 후 지금의 이란 지방으로 또 유학을 갔어."

"우와!"

"대단하다!"

가람이와 내가 동시에 소리쳤습니다.

"한 나라에서도 유학하기 힘든데 그렇게 여러 곳을 돌아다니며 공부를 했다니 정말 존경스러워."

"그럼 모두 네 나라에서 공부를 한 거네?"

부러운 듯 이야기하자 가람이도 손가락을 꼽아가며 중얼거렸습니다.

나와 가람이는 피타고라스가 참으로 대단한 사람처럼 느껴졌습니다. 생각해 보세요. 다른 나라에서 유학을 하려면 그 나라의 언어를 모두 알아야 하잖아요. 더군다나 수학이나 천문학을 배웠다니요! 그것만 봐도 정말 천재인 것 같아요.

피타고라스는 교과서에도 나오는 사람이라 이모가 알려 주기 전에도 이름은 알고 있었습니다. 하지만 사람들이 철학과 수학을 이야기하면서 왜 그렇게 피타고라스 이야기를 많이 하는지는 몰랐습니다. 피타고라스는 왜 그렇게 많은 나라에서 공부를 했을까요? 대체 무엇을 알고 싶어서 그랬던 것일까요? 당시에는 오늘날처럼 교통도 발달하지 않았을 텐데 말입니다.

"이집트에서 이란까지 가는 데 얼마나 오래 걸렸어?"

가람이가 내 마음속에 들어왔다 나간 것처럼 궁금한 점을 콕 집어 물었습니다.

"글쎄, 그 당시엔 어떤 교통수단으로 이동했을까?"

이모가 되묻자 가람이는 곰곰이 생각하더니 대답했습니다.

"낙타? 아니면 말? 빠른 비행기를 타고 오는 것도 이렇게 지루하고 답답한데, 피타고라스는 정말 대단해."

나도 가람이의 말에 고개를 끄덕였습니다.

2 세상의 모든 것은 '수'

로마 시내로 들어온 우리는 이모가 사는 아파트로 갔습니다. 지은 지 오래되어 보이는 작은 아파트였습니다. 이모는 이곳에서 혼자 지낸다고 했습니다.

우리는 아파트 이곳저곳을 둘러보았습니다. 이모가 쓰는 침대며 욕실, 책상 위에 가득히 붙여진 사진들을 보니 이모가 생활하는 곳이 맞는 것 같았습니다.

"와, 가람아, 우리 사진도 있어."

나는 이모 책상에 놓여 있는 사진 중에서 가람이와 함께 찍은 사진을 발견하고 소리쳤습니다.

"어디, 어디?"

침대 옆에서 이것저것을 구경하던 가람이가 달려왔습니다.

"이 사진 말이야. 그리고 이것 모두 우리가족들 사진이야."

나는 가람이에게 사진을 가리키며 말했습니다.

"진짜네? 이건 할아버지, 할머니. 이건 삼촌네 가족. 그리고 이건 큰 이모네다!"

가람이는 사진 속 가족들의 모습을 신기한 눈으로 바라보고 있었습니다.

"가족 사진이 다 모여 있으니까 이상하다. 가족회의라도 하는 거 같아. 히히!"

"한국이 생각날 때는 사진을 보면서 마음을 달래거든."

이모가 가람이에게 다가오며 말했습니다.

이모의 말을 듣고 가슴 한 구석이 찡해졌습니다. 막내 이모가 혼자서 외롭게 생활하는 모습을 보니 안쓰러웠습니다. 가족도 없이 먼 곳에서 혼자 지내려면 얼마나 힘들고 어려울까요?

"참! 사진 찍어야지."

가람이가 달려가더니 가방에서 카메라를 꺼내 왔습니다.

"가람이 사진 잘 찍니?"

"그럼, 얼마나 잘 찍는데! 이모네 집도 구석구석 찍어서 한국에 돌아가면 엄마랑 아빠, 할머니, 삼촌들께 보여 드려야지."

가람이는 아파트의 이곳저곳을 열심히 카메라에 담았습니다.

"언니. 이모랑 거기 잠깐 걸터앉아 봐."

가람이가 침대를 가리켰습니다.

"여기?"

내가 먼저 자리를 잡으며 물었습니다.

"응. 이모도 빨리."

"이상하게 나오면 너 카메라 압수야!"

"염려 마세요."

이모와 난 깔깔 웃었습니다.

하지만 그게 끝이 아니었습니다. 우리는 침대에 앉아서 사진을 찍으면서도 가람이가 지시하는 대로 몇 번이나 포즈를 다시 취했습니다. 아파트 발코니 앞, 현관, 욕실 거울 앞 등 여러 곳에서 갖가지 상황을 연출했지요.

정신없이 백 장의 사진을 찍고 나서야 이모와 난 가람이의 손아

귀에서 벗어날 수 있었습니다.

"먹을 거 많은데 너희들 배고프지 않아? 뭐 좀 먹을래?"

난 고개를 저었습니다. 한국에서 싸 가져온 음식들은 아꼈다가 이모 혼자 있을 때 먹어야 해요. 우리는 돌아가서 마음껏 먹을 수 있지만, 여기에서는 한국 음식을 쉽게 구할 수 없잖아요. 그 귀한 음식을 우리가 날름 먹어 버릴 수 있나요?

"그럼 집 좀 둘러보면서 쉬고 있어."

이모가 가방을 정리하는 동안 우리는 집을 둘러보았습니다. 그런데 가방 안에서 음식 냄새가 났습니다. 우리는 배가 고프기 시작했습니다. 그래서 집 안은 보는 둥 마는 둥 하고 이모가 음식 정리하는 모습을 지켜보았지요.

이모는 한국에서 가져온 밑반찬과 양념, 김, 멸치, 미역, 곶감, 육포, 마른 오징어 등을 식탁 위에 수북이 늘어놓았습니다. 그리고 냉장고에 차곡차곡 넣기 시작했습니다.

결국 우리는 나중에 몰래 먹을 생각으로 이모를 도왔습니다.

"이모, 김치는 왜 안 가져 왔어?"

가람이가 이모를 거들며 물었습니다. 외국에 나가는 사람들이 가장 먹고 싶어하는 음식 중에 하나가 김치라는 말을 들은 적이 있습니다.

"김치는 냄새가 나서 가져올 수는 없고 여기서 담가 먹어. 그래서 이렇게 고춧가루를 가져왔잖아."

이모가 고춧가루를 흔들며 말했습니다.

"여기도 배추가 있어?"

"그럼. 배추도 있고 무도 있어. 한국보다는 좀 비싸지만."

"이모 솜씨로 김치를 담그면 김치 맛이 나?"

가람이가 짓궂은 표정으로 물었습니다.

"가람이 잘못하다가 이탈리아에서 미아 되겠는 걸."

이모가 가람이에게 한방 먹였습니다.

"여기서 미아 되면 이탈리아 남자랑 결혼해서 살지, 뭐."

가람이도 지지 않고 대꾸했습니다. 이모와 가람이는 서로 노려보다 그만 웃음을 터뜨리고 말았습니다.

"학교는 여기서 멀어?"

내가 이모에게 물었습니다.

"아니. 한 이십분 걸어가면 돼. 이따 짐 정리하고 나가 볼까?"

"정말?"

이모의 말에 우리는 기뻐서 소리쳤습니다.

3 이모와 학교 산책

"그럼 오후에 잠깐 학교로 산책 갔다 오자. 내일 일찍 기차를 타야하니까."

기차래요, 기차! 이모가 우리를 데리고 내일 어딘가로 여행을 떠날 건가 봐요! 우리는 아름다운 이탈리아 여행을 기대하며 오늘은 산책하는 걸로 만족하기로 했습니다.

이모의 학교는 아파트에서 그리 멀지 않았습니다. 방학이라 학생들이 별로 없었지요.

"저기가 이모가 다니는 수학과가 있는 곳이야."

이모는 담쟁이 넝쿨이 무성한 건물을 쳐다보며 말했습니다. 고요하면서도 지식에 대한 열정이 넘치는 학구적인 분위기가 물씬 풍겼습니다.

"이모는 수학이 재미있어? 대학에서 공부한 것도 모자라서 대학원까지 가게?"

가람이가 이해할 수 없다는 표정으로 이모에게 물었습니다.

"이모는 수학처럼 재미있는 학문이 없던데? 수학이 재미없는 과목이라는 생각을 바꿔 봐. 그렇게만 해도 지금보다 훨씬 재미있을 걸."

이모의 말을 듣고 가람이가 이해가 안 된다는 듯 이맛살을 찌푸렸습니다. 가람이는 공부를 싫어하기도 하지만 수학은 더욱더 싫었습니다. 수학 시험을 보기 전날에는 늘 툴툴대기 마련이었지요. 그런 가람이에게 이모는 참 불가사의한 존재였습니다.

우리는 이모와 함께 학교를 한 바퀴 돌았습니다.

"와, 학교가 공원 같아."

나무가 무성히 우거진 교정은 정말 아름다웠습니다. 이모가 다니는 곳이라 그런지 더욱 운치가 있어 보였습니다. 가람이는 학교 모습을 카메라에 담느라 여기서도 분주했습니다.

　학교를 한 바퀴 빙 둘러본 우리는 학교 근처 레스토랑에서 간단히 저녁을 먹고 아파트로 돌아와 금세 잠이 들었습니다.

페르시아의 동방 통일

페르시아는 이란의 서쪽에 살던 민족으로 대략 기원전 천년, 이란 고원에 도착했습니다. 페르시아 사람들은 그곳에 이미 정착해 있던 메디아 사람들과 함께 살게 되었습니다. 메디아 사람은 지금의 이란 지역에 살던 민족입니다.

페르시아 사람들은 주로 유목 민족이었습니다. 그래서 먹을 것과 초원이 많은 지역을 찾아 이동했지요. 그들이 도착한 곳은 유프라테스 강과 티그리스 강 유역입니다. 이 두 강을 끼고 기원전 3천 년 전부터 메소포타미아 문명이 발달했습니다. 이 지역에서 유명한 도시는 바빌론과 칼데아 등이 있는데, 피타고라스가 천문학을 배운 곳이 바로 칼데아입니다.

기원전 550년 페르시아의 왕은 키로스 2세였습니다. 키로스 2세는 메디아 왕국과 전쟁에서 승리하였습니다. 그리하여 키로스 2세는 페르시아와 함께 메디아를 다스렸지요. 키로스 2세는 전쟁을 계속하면서 동쪽으로는 중앙아시아, 서쪽으로는 지중해까지 영토를 넓혔습니다.

키로스 2세의 뒤를 이은 캄비세스 2세는 기원전 525년 이집트를 점령했습니다. 역사에서는 이 사건을 고대 오리엔트 세계의 통일이라고 부릅니다. 즉, 캄비세스 2세가 유럽의 동쪽 지방을 모두 통일했다는 뜻이랍니다.

캄비세스 2세의 뒤를 이어 왕이 된 사람은 다리우스 1세입니다. 다리우스 1세는 페르시아 출신이 아니었음에도 불구하고 페르시아 사람들과 메디아 사람들의 도움을 받아 왕이 될 수 있었습니다.

페르시아 민족의 통일을 완성한 다리우스 1세는 새로운 수도의 필요성을 느꼈습니다. 그래서 현재 이란의 수도인 테헤란 남쪽에, 페르시아 사람의 수도라는 뜻으로 페르세폴리스를 건설하였지요. 다리우스 1세는 이후 고대 그리스를 정복하기 위해 아테네를 공격했습니다. 그러나 이 전쟁은 실패하고 말았습니다. 마라톤 전쟁으로 알려진 전쟁 바로 이 전쟁이기도 합니다.

이후에도 페르시아는 여러 차례 고대 그리스와 전쟁을 치렀습니다. 하지만 모든 전쟁에서 패하고 말았지요. 결국 페르시아는 알렉산드로스 대

왕의 공격을 받고 기원전 330년에 멸망하고 맙니다.

도시국가 아테네와 스파르타

그리스는 지리적으로 산이 많은 나라입니다. 그래서 고대 그리스 사람들은 촌락 단위로 공동체를 이루고 목축과 농업을 하면서 살았지요. 농업 기술이 발달하면서 고대 그리스에는 인구가 많아지게 되었습니다. 이때가 기원전 8세기 무렵이었어요.

인구가 늘어나자 땅이 부족해진 고대 그리스의 촌락들은 다른 촌락을 공격하여 땅을 빼앗으려고 했습니다. 그래서 사람들은 방어하기 쉬운 구릉에 요새를 짓고 살았습니다. 이것이 우리가 말하는 도시국가, 즉 폴리스의 시작이에요.

고대 그리스는 폴리스가 아주 발달된 사회였어요. 그중에서도 가장 유명한 도시 국가가 바로 아테네와 스파르타였지요. 폴리스로 발달한 고대 그리스의 도시들은 정치, 문화, 교육 등에 관련된 사회제도가 각기 달랐습니다. 아테네는 민주정치 체제를 기반으로 하여 발전했습니다. 다른 도시국가들도 아테네의 영향을 받아 민주주의를 도입하고 발달하기 시작했지만 스파르타는 끝까지 왕이 정치를 하는 도시국가였습니다.

피타고라스가 태어나기 전인 기원전 590년 무렵엔 그 솔론이 아테네를 다스리고 있었습니다. 당시 아테네는 몇몇 귀족들이 대부분의 땅을 차지하고 있었습니다. 그로 인해 농사를 짓는 소작인과 부자들 사이에 많은 문제가 생겼습니다. 솔론이 이 문제를 해결하려고 했지만 결국 실패하고 말았어요. 솔론의 실패로 아테네는 큰 혼란에 빠졌습니다. 이 혼란을 틈타 몇몇 귀족들이 땅을 쥐고 독재를 하기도 했어요. 이때 클레이스테네스라는 정치가가 나타났습니다. 클레이스테네스는 평민들도 정치에 참여하게 해 주었고, 아테네는 민주정치의 기반을 다질 수 있게 되었습니다.

아테네가 민주주의로 발전할 동안 스파르타는 왕의 독재가 이어지고 있었습니다. 스파르타는 펠로폰네소스 반도 중앙에 위치한 농업 중심의 도시국가였어요. 그러나 스파르타의 농사는 겨우 자급자족할 정도밖에 되지 않았답니다. 그래서 돈 많은 귀족이나 부자도 생기지 않았지요.

게다가 스파르타는 외국 사람들과 노예들을 매우 멸시하였습니다. 그렇기 때문에 스파르타는 외국인이나 노예들이 언제 반란을 일으킬지 몰

라서 늘 불안했지요. 그래서 스파르타 사람들은 민주주의를 도입하지 않고, 군대를 강화하면서 계속 왕이 강력한 독재를 행했던 거예요.

이와 같이 피타고라스가 살던 시절 스파르타와 아테네는 각 나라의 상황에 따라 서로 다른 양상으로 발전하면서 고대 그리스의 유명한 도시국가로 성장하였답니다.

로마 제국의 형성

아프로디테의 아들이며, 트로이 전쟁의 영웅 아에네아스는 전쟁에서 진 후에 자신을 따르는 사람들과 함께 배를 타고 도망쳤습니다. 그들은 아프로디테의 도움으로 지중해를 거쳐 카르타고를 지나 마침내 중부 이탈리아에 있는 티베르 강가에 도착했습니다.

아에네우스는 그곳에서 어머니 아프로디테의 도움으로 나라를 세워 왕이 되었지요. 그리고 아에네우스의 후손들이 계속 왕위를 이어받아 오면서 아물리우스와 누미토르의 형제에 이르렀습니다.

욕심 많은 아물리우스는 왕실의 재산은 자신이 독차지하고 왕위는 동생 누미토르에게 주었습니다. 하지만 이후, 동생에게서 왕위를 다시 빼앗았지요. 그러던 중 누미토르의 딸 일리아가 쌍둥이를 낳았습니다. 이 쌍둥이가 여러분도 잘 아는 로물루스와 레무스랍니다.

이 두 사람은 다른 지역에서 새로운 도시를 건설하였습니다. 이 도시가 바로 지금의 이탈리아 수도인 로마입니다. 이 후손을 우리는 라틴 민족이라고 합니다.

고대 그리스가 페르시아로부터 많은 공격을 받은 반면, 로마는 지리적 조건 때문에 안정적으로 발전할 수 있었습니다. 라틴 민족은 점점 이탈리아 반도에 세력을 넓혀 가면서 로마 제국을 형성해 갔습니다. 그러나 로마 제국이 형성되기 전부터 이미 에트루리아 민족과 그리스 민족이 이탈리아 반도에 깊이 뿌리내리고 있었습니다. 이탈리아 반도의 그리스 민족은 잘 알다시피 그리스 사람들이 지중해 연안에 개척한 식민지 도시 국가였습니다. 지금의 터키 지방에서 살던 민족들이 기원전 8세기경에 로마 북쪽에 들어와 살면서 에트루리아 민족을 이루게 된 것이지요.

기원전 7세기경부터 에트루리아 민족은 이탈리아 반도 서해안을 따라 로마를 정복하고 점차 나라를 넓혔습니다. 라틴 민족은 에트루리아 민족을 막기 위해 단결했어요. 그리하여 기원전 509년 에트루리아의 마지막

왕인 타르키니우스를 로마에서 쫓아내는 데 성공하였습니다. 이후 라틴 민족은 로마를 기반으로 대 로마 제국 건설의 첫발을 내디뎠지요.

이때부터 로마 제국은 귀족들을 중심으로 공화정이 시작되었지요. 공화정은 원로원들이 모여 정치를 하는 체제를 말합니다. 당시의 국회의원이라고 할 수 있는 원로원들은 모두 귀족이었습니다. 평민들은 정치에 참여할 수가 없었지요. 하지만 기원전 500년경부터는 이탈리아에서도 민주정치를 행하기 시작했습니다. 평민들도 귀족들과 함께 정치에 참여하게 된 것입니다.

이 시대에 피타고라스는 자신의 학파를 만들고, 철학을 가르쳤습니다. 이탈리아에서 민주주의 운동이 일어날 때 피타고라스학파는 스스로를 엘리트 집단이라고 주장하면서 민주주의자들과 충돌을 일으켰고, 결국 무너지고 말았습니다.

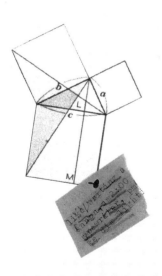

조화로운 코스모스

피타고라스가 현명했는지 현명하지 못했는지 알 수 없지만, 지적인 면으로만 본다면, 지금까지 살았던 가장 중요한 사람들 중에 한 사람이다.

— 버트란트 러셀, 《서양철학사》 중

1 가람이와 나의 조화

"이모! 이모! 언니!"

가람이의 목소리가 들렸습니다. 아직 잠이 다 깨지 않은 이모와 나는 이불 깊숙이 파고들었습니다. 가람이는 이불을 젖히며 나와 이모를 흔들어 깨웠습니다.

"이모, 어서 일어나. 언니도 얼른 눈떠."

"아이참, 좀 더 자고 싶어."

나는 짜증을 내며 이불을 잡아당겼습니다. 하지만 가람이는 더

세게 이불을 확 끌어당겼습니다.

가람이는 아침잠이 없는 편입니다. 집에서도 언제나 가장 먼저 일어나 식구들의 잠을 깨우곤 했습니다. 그 버릇이 여기까지 와서도 나오다니. 어제 비행기에서 잔뜩 시달린 나와 이모는 가람이가 얄미워졌습니다.

"심심하면 산책이라도 하고 와."

이모가 시계를 보며 말했습니다.

"이모 몇 시야?"

나는 얼굴을 잔뜩 찡그리고 물었습니다.

"아직 6시밖에 안 됐어."

"그만 일어나. 어서 크로토네에 가야지."

가람이가 이모를 붙잡고 사정했습니다.

"가람아. 조금만 더⋯⋯."

"피타고라스가 기다린단 말이야!"

"휴! 알았다, 알았어!"

결국 이모와 나는 가람이의 성화에 못 이겨 자리에서 일어났습니다. 가람이는 그 모습을 보며 히죽 웃었습니다.

아침 식사를 하는 동안에도 자꾸만 하품이 나왔습니다. 너무 이른 시간이어서인지 식당에는 사람들이 별로 없었습니다.

"가람이 너 크로토네가 어딘지는 알고 있는 거야?"

나는 새벽부터 호들갑을 떤 가람이에게 물었습니다.

"크로토네? 몰라."

가람이의 태연한 대답에 나는 기가 막혔습니다.

"그런데도 새벽부터 그 난리를 친 거야?"

나는 조금 화가 난 얼굴로 다시 물었습니다.

"크로토네는 피타고라스가 활동했던 곳이라고 이모가 말해 줬잖아. 언니는 벌써 그것도 잊은 거야? 난 피타고라스가 활동한 곳이 어떤 곳인지 굉장히 궁금한데."

가람이의 말에 나는 할 말을 잃었습니다.

우리는 식사를 마치고 기차를 탔습니다. 크로토네는 이탈리아 남쪽에 있는 도시로 피타고라스가 활동했던 곳입니다. 당시의 이름은 크로톤이었습니다. 이모는 피타고라스가 왜 자신이 태어난 사모스 섬에서 크로톤으로 갈 수밖에 없었는지 이야기해 주었습니다.

"수학자와 철학자로 이름을 떨친 피타고라스는 사모스 섬의 통치자인 폴리크라테스의 아들을 가르치게 되었어. 그런데 폴리크라테스는 사모스 섬을 지나는 배들을 습격해 물건을 빼앗아 많은 돈을 번 사람이야. 그렇게 번 돈으로 폴리크라테스는 사모스 섬 사람들을 마음대로 통제했지."

"피타고라스 같은 유명한 철학자가 왜 그런 사람하고 함께 일했던 거지?"

나는 피타고라스가 이해되지 않아 물었습니다.

"그래, 유민이 네 말이 맞아. 그래서 피타고라스는 폴리크라테스의 나쁜 짓을 더 이상 참지 못하고 사모스 섬을 떠나게 돼."

"사모스 섬을 떠난 피타고라스가 바로 이곳 크로토네로 왔던 거구나?"

가람이가 이모의 생각을 알았다는 듯이 말했습니다. 이모와 나는 동시에 가람이를 쳐다보았습니다. 엉뚱하기만 한 가람이가 뜻밖에 깊은 생각을 하고 있었기 때문입니다. 우리가 놀라는 걸 보고 가람이는 얼굴을 붉히며 웃었습니다.

"그런데 이모. 피타고라스가 왜 그렇게 유명한 거야?"

내가 물었습니다.

"피타고라스는 기존의 수에 대한 개념을 개혁한 철학자거든."

"수?"

"응. 피타고라스는 세상의 모든 것을 수를 이용하여 설명하려고 했어. 모든 만물은 수로 표시할 수 있다는 거지."

이모가 설명을 계속했습니다.

"만물이 어떻게 수로 표시된다는 거지? 그럼 이모도 숫자고 나랑 가람이도 숫자라는 거야? 아이고. 어렵다, 어려워."

이모의 말이 도통 이해되지 않아서 나는 고개를 절레절레 흔들었습니다.

"숫자가 아니라 수 말이야. 피타고라스는 모양과 크기를 갖는 만물의 기원이나 기초가 모두 수에 의해 존재한다고 말했어."

이모의 말은 도무지 알아들을 수가 없었습니다.

"피타고라스는 사람 사이의 관계까지도 수의 비율에 따라 조화가 잘 되기도 하고 안 되기도 한다고 보았지."

"하하하! 그럼 언니와 나는 수의 비율이 조화를 이루지 못한 거라는 말이네?"

딴청만 피우던 가람이가 말하자 이모가 웃었습니다.

"나도 가람이하고 조화가 잘 맞는다고 생각하지 않아."

나는 새침하게 가람이에게 말했습니다.

사실 가람이와 나는 사이좋은 자매입니다. 하지만 가끔 싸우기도 하고 둘 사이에 냉기가 흐르기도 합니다. 가람이는 종종 억지를 부리곤 합니다. 엄마는 늘 언니인 내가 참아야 한다고 하시는데, 그럴 때마다 나는 너무너무 화가 납니다. 가람이는 그런 나의 약점을 이용해 일부러 나를 곤란하게 만들기도 하지요. 정말 얼마나 얄미운지, 생각하면 또 화가 날 정도예요!

이런 생각을 하면 우린 정말 수의 비율이 조화를 이루지 못한 자매인지도 모르겠어요. 난 조금 시무룩해졌습니다.

"수의 비율이 조화를 잘 이루어야 가정도 편하고 이 사회도 편해지겠구나?"

가람이와 내가 티격태격하는 모습을 보고 이모가 말했습니다.

2 이탈리아 애인

기차가 크로토네에 도착했습니다. 가람이와 나는 창밖으로 보이는 크로토네 풍경을 살피는 데 정신이 없었습니다. 피타고라스가 크로토네에서 활동했다는 사실을 알고 보니 고대 시대로 타임머신을 타고 온 것처럼 신비로웠습니다.

"피타고라스가 여기 살았다니……."

나는 감탄했습니다.

"여긴 별로 유명한 곳이 아닌가 봐."

가람이가 기차 밖을 내다보며 실망스러운 듯 말했습니다. 아마 복잡한 유명 관광지를 생각하고 왔나 봐요. 하지만 여긴 그런 곳은 아니었어요. 가람이는 못마땅한 표정으로 여기저기를 살피다가, 내키지 않는 듯 자리에 풀썩 주저앉았습니다. 이모와 내가 자리에서 일어나 배낭을 멜 때까지 가람이는 그대로 있었습니다.

"가람아, 어서 내려야지."

이모의 재촉에 가람이는 어쩔 수 없이 따라나섰습니다.

역 앞에서 이모는 잠시 누군가를 찾는 듯 두리번거렸습니다. 가람이는 여전히 못마땅한 얼굴로 지나가는 사람들을 쳐다보고 있었습니다.

"이모 남자 친구가 올 건가 봐."

가람이의 관심을 끌기 위해 귓속말을 했습니다.

"진짜?"

가람이의 눈이 빛났습니다. 그때 멀리서 이모를 향해 손을 흔들며 다가오는 사람이 보였습니다.

"어? 저기 있다."

"지호!"

잘생긴 이탈리아 남자가 멀리서 이모 이름을 부르며 손을 흔들

었습니다. 헉! 정말로 남자친구인가 봐요!

이모는 아저씨에게 달려가 포옹을 하고 얼굴을 맞대며 인사를 했습니다. 그 모습을 지켜보던 우리는 얼굴이 새빨개지고 말았습니다.

두 사람은 이야기를 나누더니 우리 쪽을 쳐다보았습니다.

"정말 이모 남자 친구가 왔네? 정말 잘생겼다."

가람이가 내 귀에 대고 속삭였습니다.

이모가 아저씨를 데리고 우리에게 다가왔습니다. 이탈리아 아저씨는 영화에서나 보던 외국 남자 배우들처럼 멋있고 잘생겼습니다. 나는 말할 것도 없고, 넋이 나간 가람이 표정을 보니 이미 이탈리아 아저씨에게 홀딱 반해 버린 것 같았습니다.

"인사해. 같은 과 친구 시저야."

이모가 이탈리아 아저씨를 소개했습니다.

"같은 과 친구?"

"시저?"

우리는 어떻게 인사를 해야 할지 몰라 머뭇거렸습니다.

"뭐해? 어서 인사하라니까."

이모가 내 어깨를 툭 치며 말했습니다. 우리가 어떻게 인사하나

보려는 모양이에요. 심술 궂은 이모!

이탈리아 아저씨는 환한 얼굴로 우리를 쳐다보고 있었습니다. 아저씨 눈에는 호기심이 가득했습니다.

우리는 이탈리아 아저씨가 이모와 어떤 사이인지 자못 궁금했습니다.

"아, 안녕하세요? 전 가람이에요."

"저, 저는 유민이라고 해요."

우리는 허리를 굽히려다 말고 어색하게 손을 흔들었습니다.

"하이, 반가워. 암 시저. 시저입니다요."

아저씨는 서툰 한국말로 자기를 소개하며 손을 내밀었습니다. 가람이와 나는 얼떨결에 악수에 응했습니다. 그러자 이모가 시저 아저씨에게 이탈리아어로 이야기하며 우릴 보고 웃었습니다. 아마도 우리 이야기를 했나 봐요. 우리가 쑥스러워 한다느니, 낯을 가린다느니 그런 이야기를 했겠죠? 이탈리아 말을 전혀 모르는 우리는 이모가 무슨 말을 했는지 몹시 궁금했습니다.

"그런데 아저씨는 이름이 정말 시저야?"

가람이가 두 사람 사이에 끼어들며 물었습니다.

"그래, 정말 시저야. 그것도 줄리어스 시저."

"우와! 줄리어스 시저 장군하고 똑같은 이름이네?"

이모의 말에 우리는 놀란 눈으로 아저씨를 쳐다보았습니다. 이모는 또 시저 아저씨에게 이탈리어로 말을 했습니다. 이모의 말을 들은 아저씨는 어깨를 들썩이며 웃었습니다.

"그런데 이 멋진 아저씨가 이모 애인이야?"

가람이가 호기심 어린 얼굴로 물었습니다.

"애인?"

이모는 깔깔거리며 웃었습니다. 시저 아저씨는 무슨 말인지도 모르고 어리둥절한 표정으로 이모를 쳐다보았습니다.

"애인은 아닌데 어떡하니?"

"정말?"

가람이와 나는 하늘이 무너지는 표정으로 동시에 대답했습니다.

"시저 아저씨는 이모와 같은 학교에 다니는 친구일 뿐이야. 아저씨가 사는 곳이 여기라서 이모가 특별히 너희를 위해 안내를 부탁한 거지. 이모도 여기는 처음이거든. 아저씨는 이곳에서 태어나고 자랐으니까 큰 도움이 될 거야."

우리는 이모의 말에 고개를 끄덕였습니다. 이모가 아저씨를 가이드로 불러낸 것은 정말 탁월한 선택이었습니다. 가람이와 나는 시저 아저씨와 며칠 동안 함께 지낼 생각에 마음이 설레었습니다.

"그럼 이제 출발? 렛츠고?"

시저 아저씨가 모두에게 말했습니다. 가람이와 나는 깜짝 놀랐습니다. 한국말을 전혀 못하는 줄 알았는데 조금은 할 줄 아는 모양이었습니다. 이모에게 애인이냐고 물었던 것을 아저씨가 알아들었을까 봐 순간 가슴이 철렁했습니다. 가람이의 표정을 보니 저와 같은 생각인 것 같았습니다. 하지만 아저씨는 다행히 우리의 말을 알아듣지 못했나 봐요.

"못 알아들었어. 걱정 마."

가람이에게 아주 작게 귓속말을 해 주었습니다. 가람이도 나도 안도의 한숨을 내쉬었지요. 이모는 아저씨가 한국말을 배우는 중이라고 했어요.

"그럼 미리 말을 해 줘야지."

가람이가 이모를 흘겨보며 말했습니다.

"차는 어디 있어?"

"저쪽에 세워 놨어."

이모가 시저 아저씨와 앞장서며 말했습니다. 우리는 차를 타고 이탈리아 해안을 볼 생각에 매우 들떴습니다.

3 피타고라스! 피타고라스!

시저 아저씨는 자동차가 주차되어 있는 곳으로 우리를 데려갔습니다. 아저씨의 차를 보고 우리는 놀란 입을 다물지 못했습니다. 그 차는 잘생긴 아저씨 외모와는 어울리지 않은 낡고 오래된 차였던 것입니다.

아저씨의 차를 요리조리 살펴보았습니다. 원래 파란색이었던 차는 색이 바래서하늘색처럼 보였습니다. 게다가 여기저기 찌그러지고 칠이 벗겨져 있었습니다.

"이 차 가긴 가는 거야?"

가람이는 의심스럽다는 듯 차를 쳐다보았습니다.

"오우, 걱정 마. 디스 카(this car), 문제없어. 노 프라블럼(no problem)."

아저씨가 말했습니다.

"가다가 차를 밀어야 하는 일이 생기는 것은 아니죠?"

들떴던 기분이 모두 사라졌습니다.

"이 녀석들 빨리 안 타? 자꾸 그러면 여기다 두고 간다!"

아저씨 옆자리에 앉은 이모는 어느새 안전벨트까지 매고 있었습니다. 가람이와 나는 어쩔 수 없이 차에 올랐습니다. 차 안에서 고철 냄새가 나는 것 같았습니다. 인상이 저절로 찌푸려졌습니다. 시저 아저씨는 백미러로 우리를 보더니 싱긋 웃었습니다.

차는 한적한 교외로 빠져 나왔습니다.

"저기 봐. 룩 앳 데어(look at there)!"

시무룩한 얼굴을 하고 있는 우리에게 시저 아저씨가 말했습니다. 우리는 시큰둥하게 아저씨가 가리키는 곳을 보았습니다.

"와아! 언니, 언니! 바다야!"

가람이가 숨이 넘어갈 듯 소리쳤습니다. 정말 멀리 바다가 보였습니다. 지중해의 푸른 바다가 눈부시게 펼쳐져 있었습니다. 파도는 해안으로 밀려와 하얀 포말을 일으키며 부서졌습니다. 바닷물이 돌과 모래들을 휩쓸며 해안가를 어지럽혔습니다. 그 아름다운 풍경에 우리는 다시 들뜨기 시작했습니다.

"히얼스 댓(here's that). 피타고라스의 유적, 그곳이야."

시저 아저씨가 말했습니다.

"피타고라스의 유적이 있는 곳이라고?"

가람이는 시저 아저씨의 말을 잘 알아들었습니다.

아저씨는 경치가 아름답거나 특별히 우리에게 알려 줘야 할 곳이 있으면 속도를 줄였습니다.

"왓치(watch)! 저거, 저거 보여? 캔 유 씨(can you see)? 저기야, 저기."

"피타고라스가 피타고라스의 정리를 발견하고 감사의 제사를 지낸 곳이래, 얘들아."

이모가 시저 아저씨의 말을 해석해 주었습니다. 그러자 가람이가 내 팔을 툭 건드리며 말했습니다.

"피타고라스가 피타고라스의 정리를 발견했대."

"피타고라스가 피타고라스의 정리."

"피타고라스가 피타고라스리?"

"피타고라스가 피타고링리?"

"킥킥킥!"

"<u>으흐흐!</u>"

가람이와 난 말장난을 치며 깔깔거렸습니다. 이모는 우리를 한심한 눈으로 바라보며 말했습니다.

"피타고라스가 발견해서 피타고라스의 정리라고 이름을 붙인 거야, 이 녀석들아."

"아하!"

이모의 핀잔에도 우리는 아랑곳하지 않고 말장난을 하며 웃었습니다. 이젠 피타고라스란 말만 들어도 그냥 웃음이 터졌습니다.

우리 정말 사춘기인가 봐요.

4 고양이가 쥐를 잡는 방법

멀지 않은 곳에 문화재 발굴 현장이 있었습니다. 멀리서 보기에 넓지 않은 공터 같았습니다.

"오늘은 늦었으니까 이쯤에서 집으로 돌아가자. 내일 나와서 저기에 들를까?"

"그래."

시저 아저씨와 이모는 창문에 팔을 걸치고 그 현장을 바라보았습니다.

"피타고리안스(Pythagoreans), 카니발(carnival), 아이 캔 씨 잇(I can see it). 오, 지저스(Jesus)……."

시저 아저씨가 시 낭독이라도 하듯 부드럽게 읊조렸습니다.

"피타고라스학파 사람들이 축제를 벌이는 게 보인다고?"

도무지 알아들을 수 없는 말인데 가람이는 정말 잘 알아들었습니다. 혹시 내 동생 가람이는 천재가 아닐까요?

"응. 사람들의 노랫소리가 들리는 것 같아."

이모도 눈을 감고 노래를 듣는 듯하였습니다. 저 두 사람은 도무지 무슨 생각을 하는지 알 수가 없었습니다.

"이모. 피타고라스가 대체 어떤 사람이야?"

"피타고라스는 피타고라스의 정리를 만든 사람이라고 아까 그랬잖아."

나는 가람이의 머리에 꿀밤을 먹였습니다. 가람이는 울상을 지으며 다시 물었습니다.

"그러니까 피타고라스의 정리가 뭐냐고?"

아, 가람이는 아직 피타고라스를 배우지 못했지요? 나는 미안하고 멋쩍어서 얼굴이 빨개졌습니다.

"가람이가 이해하려면 어떻게 설명을 해야 할까?"

이모가 가람이 머리를 쓰다듬으며 말했습니다. 그러자 시저 아저씨가 잠시 생각에 잠겼습니다.

"앞으로 세 발, 쓰리 스텝스(three steps) 앤 턴 라잇(and turn right). 90도로 꺾어 봐. 그리고 다시 포 스텝스(four steps) 앞으로 걸어가."

"앞으로 세 걸음 간 다음에 90도로 꺾어서 네 걸음을 간다는 말씀인가요?"

가람이가 되물었습니다.

"오케이(OK). 댓츠 라잇(that's right). 이제 처음 스타트라인(startline)으로 가장 빨리 컴백(comeback) 해야 해. 하우 캔 아이 두(how can I do)? 어떻게 짧게 가야 해? 빨리빨리?"

"이제 가장 빠른 길로 출발점에 돌아가야 한다고요?"

"예스, 예스."

할 말을 잃고 멍하니 가람이와 시저 아저씨를 쳐다보았습니다. 시저 아저씨는 흥미롭게 우리를 쳐다보고 있었고, 가람이는 손바닥에 그림을 그리며 아저씨가 낸 퀴즈를 풀고 있었습니다.

시저 아저씨의 말을 못 알아듣는 내가 이상한 걸까요? 기분이 참 묘했습니다. 어쨌든 난 정답을 알고 있었기 때문에 가람이 대

신 대답했습니다.

"대각선 방향으로 다섯 걸음 걸어가면 돼요."

"맞아! 다이아고널 라인(diagonal line), 가면 돼. 그럼 가장 빨라. 더 패스티스트 웨이(the fastest way). 디스 이즈 디 앤설(this is the answer). 피타고라스의 정리, 여기서 시작."

"쥐가 고양이에게 쫓길 때, 쥐는 90도를 잘 꺾어 달리지. 그러나 고양이는 바로 이 피타고라스의 정리에 따라 대각선으로 따라가 쥐를 잡는다고 해. 호랑이도 마찬가지고 사람도 그래. 누군가가 쫓아올 때 우리는 급하게 피하기 위해서 직각으로 꺾어서 도망가지? 따라오는 사람이 달려오던 힘을 갑자기 줄이지 못하고 지나치기를 바라면서 말이야. 그러니 직각으로 꺾을 줄 알고 미리 대각선으로 쫓아가면 도망가는 사람을 잡을 수 있겠지. 도망가는 사람은 일곱 발자국을 가야 하지만 쫓아가는 사람은 다섯 발자국이면 충분하니까."

이모가 예를 들어 설명하니 이해하기가 쉬웠습니다. 가람이도 손가락을 이런저런 모양으로 만들어 보더니 "아!" 하고 끄덕거렸습니다.

"피타고라스의 정리, 디스 이즈 낫 저스트 어바웃 더 숄터 웨이

(this is not just about the shorter way). 이건 지름길만의 문제, 노. 웬 위 노 더 투 렝쓰(when we know the two length)? 두 선의 길이를 알 때, 어나더 라인(another line) 길이 알아내는 방법이야. 그렇게 유즈드(used) 되는 거야. 그게 바로 코스모스 (cosmos : 그리스어로 Kosmos). 둘이 하모니(harmony) 이루어서 디 아더(the other)가 나와. 와우! 코스모스!"

시저 아저씨가 말했습니다. 이모와 가람이는 고개를 끄덕였지만 나는 여전히 알쏭달쏭하기만 했습니다. 낮은 어투로 가람이에게 물었습니다.

"아저씨가 뭐라고 한 거야?"

"피타고라스의 정리는 지름길만이 문제가 아니라, 두 선의 길이를 알 때 다른 선의 길이를 알아내는 방법이라고. 즉, 둘이 조화를 이루어서 다른 하나를 만들 수 있는 거래."

"넌 어떻게 그렇게 잘 알아들어?"

"언니는 왜 못 알아들어?"

난 할 말이 없었습니다. 시저 아저씨는 계속 말을 이었습니다.

"벗(but) 피타고라스, 다르게 설명해. 디퍼런트(different). 하우(how)?"

"직각 삼각형의 빗변 위에 있는 정사각형의 넓이는 다른 두 변 위에 있는 정사각형의 넓이의 합과 같다."

시저 아저씨가 묻자 이모가 이상한 주문을 외웠습니다.

"하하. 이건 이모가 장난친 거고, 둘이 조화를 이뤄서 다른 하나가 나왔다는 말을 생각해 봐. 엄마와 아빠가 만나서 유민이가 나왔지. 엄마 아빠가 만나서 가람이도 나왔지. 꽃도 암술과 수술이 만나서 열매를 맺잖아. 피타고라스는 이런 것들이 다 조화의 원리라고 생각한 거야. 그리고 그 조화의 원리를 '코스모스' 라고 부른 거지."

"코스모스? 꽃?"

가람이가 혼잣말을 하며 갸우뚱거리자 이모가 계속 이야기했습니다.

"그래. 코스모스란 꽃도 있지? 피타고라스가 말한 코스모스는 우주의 질서를 뜻해. 피타고라스는 모든 만물에 코스모스를 적용시켰는데, 가장 먼저 적용시킨 곳이 바로 음악 이론이었어."

"왜 하필 음악이야?"

"피타고라스는 하프와 같은 현악기가 줄의 길이에 따라 소리가 다르다는 것을 알고 있었어. 길이를 어떻게 알지?"

"재어 보면 알지."

"그래. 수치로 표시해서 알 수 있잖아. 그래서 피타고라스는 수야말로 세상 만물을 아우르는 질서라고 생각했던 거야. 세상에서 가장 지혜로운 것은 수이고, 가장 아름다운 것은 조화라고 여겼던 것이지."

"이건 낫 저스트 매쓰(not just a math), 수학만이 아니야. 이건 필로소피(philosophy), 철학에서도 아주 임포턴트(important)한 거야."

"철학에서도요?"

가람이가 물었습니다.

"예스. 쳐락."

"쳐락이 아니라 철학이에요."

"철, 학?"

"네, 철학."

"피타고라스는 이상한 생각을 많이 한 사람 같아."

나는 둘의 대화를 따라가지 못하겠어서 한숨을 내쉬며 혼잣말을 했습니다.

"유민 머리 복잡? 유민, 유얼 인 카오스(you're in chaos)? 오케이. 넥스트 스토리(next story)는 애프터 런치(after lunch) 후에. 오케이?"

"오케이!"

우리는 시저 아저씨의 말에 박수를 쳤습니다. 그제야 나는 배가 고프다는 걸 깨달았습니다.

피타고라스학파의 수

　고대 그리스의 식민지 도시 사모스 섬에서 태어난 피타고라스는 크로톤에서 살았던 철학자입니다. 피타고라스는 공동체 생활을 하면서 피타고라스학파를 만들었지요. 때문에 피타고라스의 철학과 피타고라스학파의 철학은 같은 것으로 생각해도 된답니다.

　오늘날 우리가 피타고라스 철학이라고 하는 것은 피타고라스와 피타고라스학파의 철학 모두를 말합니다. 피타고라스 철학에는 여러 가지가 있는데 가장 기본이 되는 것은 수에 관한 내용입니다.

　피타고라스는 이 세상의 모든 것을 수를 이용하여 표시하려고 했습니다. 점을 모아 도형을 만들고, 그 도형을 수로 나타내려고 했지요. 그러던 중에 피타고라스 정리를 발견한 것입니다.

　피타고라스는 수를 음악과 의학에도 적용시켰습니다. 그는 한 옥타브와 4도 음정, 5도 음정 사이에 항상 일정한 수의 비율이 있음을 발견했

지요. 그리고 소음이란 수가 조화를 이루지 않은 소리라고 정의했습니다. 그는 수가 조화를 이루면 소음도 음악이 된다고 생각했습니다.

피타고라스는 사람의 몸도 수의 조화로 보았습니다. 사람의 몸은 차가운 것과 더운 것, 젖은 것과 마른 것의 조화라고 여겼던 것입니다. 사람이 건강한 것은 이런 것들이 수적으로 조화를 이루고 있는 상태지요. 조화를 이루지 못하면 사람은 아프게 된다고 하였습니다. 그는 의학 또한 수의 형식에 따른 원리로 설명하였습니다.

피타고라스는 천문학에도 수의 비율을 적용했습니다. 우주의 별들 역시 조화를 이루고 있다고 보았던 것입니다. 음악에서 말한 옥타브, 5도 음정, 4도 음정이 우주의 별들 사이에도 적용된다고 생각했지요. 즉, 지구와 별들 사이의 거리도 음악과 같은 비율이 있다는 것입니다.

마지막으로 피타고라스는 사람의 도덕이나 윤리에도 수를 적용하고 있답니다. 사람이 사는 사회에는 가치 있는 것, 훌륭한 것, 정밀한 것, 나쁜 것, 정확한 것 등이 있습니다. 가장 좋은 사람, 가장 좋은 사회는 이 모든 것들이 적절한 비율로 나타날 때입니다. 따라서 수는 사람과 사회에 적용되면서 도덕, 윤리적인 의미를 갖게 됩니다.

3

피타고라스학파의 모든 것

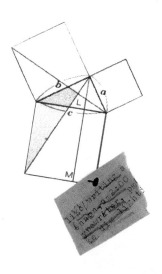

피타고라스는 당대에도 전설적인 인물이었다. 아폴로 신의 아들
이며 동정녀 피타이스에게서 태어났다는 소문이 있었다.

— 마거릿 버트하임, 《피타고라스의 바지》 중

1 진화의 시작 '어떤 것'

"뭐 먹을래? 왓 두 유 원(what do you want)?"

시저 아저씨가 우리에게 물었습니다.

"난 파스타가 먹고 싶어. 이탈리아에 왔으니 이탈리아 음식을 먹어야지."

가람이가 제법 의젓하게 말했습니다. 파스타가 이탈리아 음식인 줄은 어떻게 알았을까요?

"파스타? 난 오케이. 유민 오케이? 지호, 파스타 좋아?"

"저도 좋아요."

"그래, 파스타 먹자."

시저 아저씨의 권유에 모두 찬성했습니다. 나도 파스타를 굉장히 좋아하거든요. 가람이 말대로 이탈리아에 왔으니 본고장에서 만든 정통 파스타 요리를 맛보고 싶었습니다.

아저씨가 우리를 데리고 간 곳은 바닷가에 있는 조그마한 식당이었습니다. 싱싱한 해물을 넣어 만든 파스타는 정말 맛있었습니다. 토마토소스가 어찌나 맛있는지 가람이와 나는 접시까지 먹을 기세로 남김없이 비웠습니다.

"너희 그렇게 먹다가 탈난다."

"괜찮아. 한국 가면 못 먹으니까 여기 있을 때 실컷 먹어 둬야 돼. 그렇지, 가람아?"

"응. 맞아."

시저 아저씨와 이모는 서로 마주 보며 호탕하게 웃었습니다. 정말 애인 사이가 아닐까요? 난 의심스런 눈초리로 둘을 잠시 쳐다보다가 얼른 시선을 돌렸습니다.

점심을 먹고 나니 몸이 나른해지기 시작했습니다. 이모와 시저 아저씨는 아직도 커피를 마시고 있었습니다.

"가람아. 우리 바닷가에 나가 보지 않을래?"

창밖으로 보이는 바닷가를 내다보며 말했습니다.

"좋아, 언니. 얼른 가자."

가람이도 냉큼 따라나섰습니다.

작은 해변이라 그런지 사람들이 많지 않아 조용했습니다. 가람이와 나는 해안선을 따라 발자국을 꾹꾹 찍으며 걸었습니다. 투명한 바닷물이 넘실거리는 광경을 보니 뛰어들어 물놀이라도 하고 싶었습니다.

"언니!"

멀리서 가람이가 부르는 소리가 들렸습니다. 뒤처져서 따라오던 가람이가 어느새 물에 발을 담그고 있었습니다.

"너무 시원해!"

나도 가람이에게 가 샌들을 벗고 발을 담갔습니다. 하얀 파도가 밀려와 발등 위에서 부서졌습니다. 우리는 깔깔거리며 물장난을 쳤습니다. 점심 식사 후 나른했던 몸이 다시 살아나는 것 같았습니다.

"물놀이하고 싶다."

"좋아. 우리 이모한테 물놀이하자고 말해 보는 거야."

가람이와 나는 이모와 시저 아저씨를 졸라 물놀이를 할 계획이 었습니다. 이탈리아 바닷가까지 와서 물놀이를 안 하고 갈 수는 없지요.

신나게 파도를 따라다니며 놀고 있는데 이모가 부르는 소리가 들렸습니다. 가람이와 나는 얼른 신발을 신고 이모와 시저 아저씨 가 있는 곳으로 뛰어갔습니다.

"벌써 물놀이를 했구나?"

이모가 우리 발을 보더니 환하게 웃으며 말했습니다.

"이모! 물이 너무 시원해."

"우리 나중에 물놀이하러 또 오자."

"물이 이렇게 깨끗한데 물놀이도 안 하는 건 말이 안 돼."

"피타고라스도 분명 여기서 물놀이를 했을 거야."

우리 둘은 번갈아가며 쉴 새 없이 말을 쏟아 놓았습니다. 이모 는 귀가 따갑다는 표정을 짓다가 조용히 하라는 손짓을 했습니다. 우리는 입을 꾹 다물었습니다.

"우리 오늘 어디서 잘 건지 알아?"

이모가 눈을 가늘게 뜨고 물었습니다.

"숙소 말고 다른 데서 자?"

내가 들뜬 목소리로 되묻자 가람이가 내 팔에 찰싹 달라붙었습니다.

"시저 아저씨네 집에 갈 거야."

"이야, 정말?"

"와아아!"

"시저 아저씨네 집이 바닷가인데 거기도 여기처럼 물이 아주 좋대. 오늘은 아저씨네 일찍 들어가서 물놀이나 실컷 할까?"

이모의 말에 우리는 '까악' 하고 비명을 질렀습니다. 물놀이를 하게 된 것도 기뻤지만 시저 아저씨의 집에서 묵는다는 말이 더 기뻤습니다.

가람이와 나는 멋진 왕자님이 사는 궁궐 같은 집을 상상해 보았습니다. 유럽의 집이라면 분명 그렇게 멋질 거예요.

우리는 서둘러 차에 올라타고 이모와 시저 아저씨를 재촉했습니다.

"어서 가요, 아저씨!"

"이모! 빨리빨리!"

그러자 아저씨가 반가운 표정으로 말했습니다.

"빨리빨리! 나 그 말 알고 있어. 한국인들 가장 잘 써. 패스트 패스트(fast fast). 맞지?"

"이모도 아저씨한테 '빨리빨리' 라는 말 자주 썼구나?"

"오우, 지호 성격 엄청 빨리빨리야."

"우하하! 이모 정말 그랬어?"

시저 아저씨의 말에 우리는 이모의 약점이라도 들춰낸 듯 깔깔 거리며 웃었습니다.

"시저!"

"오케이, 오케이."

아저씨는 유쾌한 콧노래를 흥얼거리며 차를 출발시켰습니다.

차는 유유히 숲길에 접어들었습니다.

"앗! 다람쥐다!"

"아냐, 청설모야."

"다람쥐야."

"저렇게 생긴 건 청설모야. 책에서 봤어."

나무를 타고 올라가는 다람쥐를 발견하자, 가람이는 청설모라 고 우겼습니다. 책에서 봤다는데 할 말이 없었습니다.

"다람쥐랑 청살모가 뭐가 다르다는 거야?"

심통이 나서 혼자 투덜거렸습니다. 그러자 시저 아저씨가 물었습니다.

"다람쥐, 청샬모는 시밀러(similar)하면서도 달라. 와이? 신이 두 개를 다 크리에잇(creat)했어? 아니면 하나에서 에볼루션(evolution)했어?"

"신이 창조한 건지 진화된 건지 묻는 거예요?"

"예스, 예스."

난 가람이의 말을 듣고서야 아저씨의 질문을 이해했습니다. 아무리 봐도 가람이의 해석 능력은 정말 신기했습니다.

"그런데요, 아저씨. 청샬모가 아니라 청설모예요."

"오케이, 청샬모."

"청, 설, 모."

"청, 샬, 모."

가람이는 시저 아저씨에게 청설모 발음을 알려 주는 걸 포기했습니다. 아저씨의 질문에 내 생각을 냉큼 대답해 줬습니다.

"난 하나님이 세상을 창조했다고 믿어."

"오오, 왜?"

이모가 이유를 물었습니다.

"당연한 거 아냐? 신이 만들지 않았다면 이 세상이 어디서 생겨났겠어?"

"그렇구나. 그럼 가람이는?"

이모는 가람이에게도 물었습니다. 가람이는 이모 말을 들었는지 못 들었는지, 대답도 하지 않고 뭔가 골똘히 생각하는 표정이었습니다. 평소 가람이와는 전혀 어울리지 않는 모습이었습니다. 손가락 하나 까딱하지 않더라니까요.

나는 가람이가 도대체 무슨 생각에 빠져 있는지 궁금했습니다. 이모와 시저 아저씨도 궁금해 하는 눈치였습니다. 난 궁금증을 참지 못하고 물었습니다.

"가람아. 무슨 생각해?"

"시저 아저씨의 질문에 대해 생각하고 있는 중이야."

가람이가 제법 의젓하게 대답했습니다. 이모와 시저 아저씨는 웃음을 터뜨렸습니다.

"하하하. 그 생각 중이었구나. 그래서 대답이 뭐야?"

이모가 장난스럽게 물었습니다. 가람이는 대답했습니다.

"난 진화되었다고 생각해."

"오호, 그래? 왜 그렇게 생각하는데?"

이모가 계속 물었습니다.

"과학책에서 읽었는데, 인간은 유인원에서 진화한 거래. 유인원은 원숭이에서 진화했고. 그런데 곰곰이 생각해 보니까 그 말이 맞는 것 같아."

"왜?"

"신이 우리를 만들었으면 왜 만날 귀찮게 밥 먹고 화장실 가고 잠을 자야 살 수 있게 만들었겠어? 그냥 아무것도 안 먹고, 안 자고, 안 입어도 살 수 있게 만들었겠지."

가람이의 말에 우리는 한바탕 웃었습니다. 역시 엉뚱한 생각에는 가람이를 따라 갈 사람이 없는 것 같습니다.

시저 아저씨가 다시 이야기를 시작했습니다.

"만약, 이 세상 크리에잇(creat) 됐어. 그럼 에볼루션(evolution) 더 얘기 안 해. 다윈(Darwin) 얘기 안 해. 벗(but), 하우에버(however), 세상이 진화된 거라면 어떡해? '어떤 것'에서 진화돼서 나우(now)가 됐는지 알고 싶어져. 아이 원트 노(I want know). 그래서 생각해."

"세상이 창조된 거라면 모르겠지만 진화된 것이라면 '어떤 것'

에서부터 진화되어 온 건지 알아야 한다고요?"

"댓츠 라잇(that's right). 앤션 그릭스(ancient Greeks), 쳐락 자들, 이거 생각했어. 진화의 시작은 '어떤 것'일까? 맨 처음, 더 퍼스트 띵(the first thing), 그게 뭘까? 그래서 여러 가지를 생각을 했어."

"고대 그리스 철학자들이 최초의 '어떤 것'에 대해 여러 가지 생각을 했다고요?"

"아휴, 머리 아파. 너무 어려운 이야기에요."

난 '휴우' 하고 한숨을 내쉬었습니다. 가람이는 어떻게 아저씨 말을 잘 알아듣는 걸까요? 영어를 잘하는 걸까요? 책을 많이 읽어서 그런 걸까요?

이모와 시저 아저씨는 머리를 감싸는 나를 바라 보며 미소를 지었습니다.

"어떤 여러 가지 생각들을 했는데요?"

가람이가 묻자 시저 아저씨가 이어서 말했습니다.

"고대 그릭스(Greeks) 쳐락자들은 에볼루션(evolution)의 얼 진(orgin)인 '어떤 것'을 매러(matter), 매터리얼(material)이라고 생각했어."

"물질이란 말이야. 고대 그리스 철학자들은 그걸 '원래의 물질'이라고 해서 원질이라고 불렀어."

이모가 덧붙였습니다. 시저 아저씨는 계속 이야기했습니다.

"디 아더(the other) 쳐락자는 에얼(air), 얼쓰(earth), 파이어(fire) 같은 것들을 와, 완질?"

"원질."

이모가 정확한 발음을 알려 주었습니다. "예스, 원질. 원질로 생각했어. 탈레스 알아? 유 노 탈레스(you know Thales)? 앤션(ancient) 그리스의 처음 쳐락자야. 더 퍼스트 필로소퍼(the first philosopher). 그 사람은 '어떤 것'을 물이라고 주장했어. 워러(water) 말이야. 탈레스 새드(Thales said), 물 원질에서 시작해서 에볼루션(evolution), 또 에볼루션(evolution) 해서 나우(now) 세상이 된 거야."

시저 아저씨는 아주 열심히 설명을 해 주었습니다. 물론 난 가람이가 한 번 더 풀이해 준 후에서야 알아들었지만요.

"그럼 우리가 보고 있는 모든 것들은 다 물에서 시작된 거란 말이에요?"

내가 묻자 시저 아저씨는 고개를 끄덕이며 대답했습니다.

"탈레스, 그렇게 생각해."

"악!"

가람이가 갑자기 소리를 꽥 질렀습니다. 갑자기 모든 시선이 가람이에게 꽂혔습니다.

"언니, 큰일 났어! 언니 가방에서 물이 막 쏟아져!"

"뭐? 어디?"

"유민아, 가방 벗어 봐!"

나는 어깨에 멘 가방을 얼른 풀어서 안을 들여다보았습니다. 하지만 물은커녕 물 한 방울조차 찾아볼 수 없었습니다.

"물이 어디서 쏟아져?"

"후후후. 이 가방이 처음에는 물에서 시작했다면서? 그럼 가방 안에 물건들을 쪼개고 쪼개면 결국 물이라는 거잖아."

가람이가 능청스럽게 말하는 통에 우리는 또 웃음을 터트렸습니다. 한바탕 웃고 난 이모가 이야기했습니다.

"가람이의 의견도 무시할 수는 없어. 그래서 사람들은 탈레스의 생각이 잘못되었다고 생각하고 다른 생각을 하게 된 거지."

"아, 이제 알았다. 피타고라스가 수학자인 이유를 알았어! 피타고라스는 진화의 시작인 '어떤 것'을 수라고 생각한 거지? 피타고라스는 수가 원질이라고 생각한 거지?"

　나는 이모에게 재촉하듯 물었습니다. 이모는 놀란 표정으로 대답했습니다.

　"우리 유민이의 추리가 대단하구나. 그래, 맞아. 피타고라스는 세계의 원질을 바로 수로 본 거야. 그래서 철학자들이 피타고라스의 수 개념을 아주 중요하게 보는 것이지."

　"언니, 언니. 큰일났어!"

　가람이가 또 호들갑을 떨었습니다.

　"왜? 또 가방에서 물이 쏟아지니?"

　이모가 웃으며 가람이에게 말했습니다.

　"그보다 더 큰일이야. 언니 이마에서 숫자가 막 기어 나와!"

　가람이가 내 이마를 가리키며 말했습니다. 시저 아저씨와 이모는 못 말리겠다는 듯 웃음을 터트렸습니다.

　"가람이, 너!"

　나는 가람이의 이마에 군밤을 때렸습니다. 아주 살짝, 아프지 않게 말이지요.

2 지중해로 다이빙

드디어 시저 아저씨가 사는 마을에 다다랐습니다. 점심 먹었던 곳에서 가까운 거리인가 봐요. 즐겁게 이야기를 하다 보니 금방 도착했습니다.

시저 아저씨가 사는 마을은 그림 속 언덕 위의 집처럼 아름다운 곳이었습니다.

"저 중에 아저씨네 집도 있다는 말이지? 으흐흐흐."

가슴이 콩닥거렸습니다. 어느 집에서 하루를 보내게 될까 무척 기대되었습니다.

"레이디스(ladies)! 어때? 히얼스(here's) 우리 집."

시저 아저씨가 말했습니다.

"여기가요?"

가람이와 나는 실망했습니다. 아저씨가 차를 세운 곳은 집 앞에 텃밭이 있는 아주 평범한 농가였습니다.

아저씨는 잠깐 기다리라고 하고 안으로 들어갔습니다. 아저씨가 자리를 뜨자 우리는 차에서 내려 이리저리 집을 살펴보았습니다. 영화나 텔레비전에서 보았던 것처럼 아기자기하고 멋진 유럽 저택일 줄 알았는데 이건 너무 평범한 집이잖아요.

가람이와 나는 실망한 표정을 감추려 애를 썼지만, 그 마음을 숨길 수가 없었습니다.

"너희들 왜 그래? 왕자님이 나오는 성이라도 상상했니?"

이모가 우리 마음을 다 안다는 듯 말했습니다.

"이런 철딱서니 없는 것들. 시저 아저씨한테 실례잖아."

이모가 주의를 주지 않아도 그 정도는 우리도 잘 알고 있습니다.

"우리도 다 안다. 우리가 뭐 애들인 줄 알아?"

가람이가 입을 삐죽거리며 말했습니다.

"애들이 아니면 너희가 어른이니?"

시저 아저씨가 집에서 나왔습니다. 아저씨 뒤로 뚱뚱한 아주머니 한 분이 따라 나오셨습니다. 아주머니는 반가운 손님을 맞이하듯 기쁜 표정이었습니다. 한 눈에도 시저 아저씨의 어머니라고 짐작이 되었습니다. 반갑게 맞아 주시는 아주머니와 시저 아저씨를 보니 우리는 집만 보고 실망했던 것이 죄송스러워졌습니다.

"안녕하쎄요."

뜻밖에도 아주머니가 서툰 한국말로 인사를 해 우리는 깜짝 놀랐습니다.

"어?"

가람이와 나는 놀라서 아무 말도 못했습니다.

"안녕하세요? 한국말을 할 줄 아세요?"

이모 역시 놀라서 물었습니다. 하지만 아주머니는 웃으며 시저 아저씨를 쳐다보았습니다.

"노, 엄마 몰라. 내가 한국말 스터디 하니까, 그래서 초큼 알아. 인사만 알아. 저스트 세잉 헬로우(just saying hello)."

시저 아저씨가 웃으며 말했습니다. 우리는 고개를 끄덕이며 아주머니께 공손히 인사를 드렸습니다.

아주머니는 우리를 안으로 데리고 갔습니다. 밖에서는 작아 보였는데 안으로 들어가니 제법 집이 넓었습니다. 게다가 계단이 있는 이층집이라서 참 좋았습니다.

아주머니와 시저 아저씨는 일층에 있는 거실과 식당을 한 바퀴 안내해 주고 우리를 이층으로 데리고 갔습니다. 그곳에는 우리가 묶을 방이 있었습니다. 침대 두 개가 있는 작은 방이었는데, 창밖으로 바다가 한 눈에 들어왔습니다.

"와! 너무 좋다."

"꼭 호텔에 와 있는 것 같아."

"이모는 호텔보다 여기가 훨씬 더 좋은데?"

"맞아, 호텔보다 더 좋은 것 같아."

집에 막 도착했을 때와 달리 가람이와 나는 집이 몹시 마음에 들었습니다. 우리가 좋아하니까 이모도 기분이 좋은 것 같았습니다. 우리는 방 구경에 정신이 팔려 아주머니가 아래층으로 내려가는 것도 모르고 침대에서 뛰어 놀았습니다.

"조금 쉬어. 겟 레스트(get rest). 그리고 바닷가 가."

시저 아저씨도 아래층으로 내려갔습니다.

창밖으로 펼쳐진 풍경을 한참 구경하던 우리는 짐을 풀기 시작했습니다. 짐이라고 해봤자 어깨에 멘 조그만 가방뿐이지만 있을 건 다 있었습니다.

"수영복 가져오길 정말 잘했다."

"내가 가져가자고 했잖아. 언니는 나한테 고맙다고 해."

가람이는 한껏 으스대며 말했습니다. 얄밉긴 하지만 가람이 말이 맞습니다. 가람이가 조르지 않았으면 나는 수영복을 가져오지 않았을 테니까요.

사실 나는 이탈리아에 오기 전에 수영복을 챙기는 가람이를 나무랐습니다. 짐도 무거운데 괜히 수영복까지 챙기느라 수선을 피우지 말라고요. 그땐 이곳저곳 바쁘게 돌아다니다 보면 물놀이를 할 기회가 없을 줄 알았거든요. 그런데 뜻하지 않게 시저 아저씨네 집이 바닷가에 있어서 물놀이를 하게 된 것입니다.

내 동생이지만 가람이는 참 알 수 없는 아이에요.

"우와, 시원해. 언니 빨리 들어와!"

먼저 물속으로 뛰어든 가람이가 소리쳤습니다.

"간다!"

나도 물속으로 뛰어들었습니다.

"언니! 진짜 시원하지?"

가람이는 벌써 저만치 멀어진 곳에서 소리쳤습니다.

"너무 깊은 곳에는 가지 마! 아저씨가 위험하다고 했잖아!"

나도 가람이에게 소리치며 주의를 주었습니다.

이곳은 작은 해안이었습니다. 해수욕장은 아니었지만 고운 모래가 깔려 있어 물놀이를 할 수 있었습니다. 그러나 시저 아저씨는 깊은 곳에 들어가면 위험하다고 했습니다. 해수욕장처럼 완만한 해안은 아닌 모양입니다.

"가람아! 유민아!"

이모가 우리를 불렀습니다. 언덕 쪽을 올려다보니 이모와 시저 아저씨가 걸어오고 있었습니다. 아저씨 손에는 간식 바구니가 들려 있었고 이모 손에는 커다란 수건이 들려 있었습니다.

이모와 시저 아저씨는 수영복으로 갈아입고 해안으로 걸어 왔습니다.

"야, 시저 아저씨 몸매 최고다!"

가람이가 부끄러운 줄도 모르고 소리쳤습니다. 아저씨는 전혀 개의치 않고 물속으로 첨벙 다이빙을 했습니다.

"이모도 들어와!"

나는 돗자리 위에 누워 있는 이모에게 소리쳤습니다.

"난 일광욕이나 할래."

이모는 꼼짝도 하지 않고 새침하게 말했습니다.

시저 아저씨는 수영을 정말 잘했습니다. 꽤 먼 곳까지 나갔다 되돌아오곤 했거든요. 아저씨가 가람이를 번쩍 들었습니다.

"까악! 내려 주세요!"

장난을 좋아하는 가람이가 비명을 질렀습니다.

"노, 노! 꼬마 레이디, 아저씨 놀렸어. 많이 놀렸어."

아저씨는 가람이를 바닷물 위에 첨벙 던졌습니다. 가람이는 잠시 허우적대더니 간신히 물 밖으로 모습을 보였습니다. 어푸어푸 하는 가람이의 모습을 보며 배를 잡고 깔깔거렸습니다.

"악! 뭐예요? 남자가 치사하게."

"깨소금이다."

난 가람이를 향해 혀를 날름거렸습니다.

"깨소금? 언니, 맛 좀 봐라!"

갑자기 가람이가 나를 마구 쫓아왔습니다. 난 기겁해서 도망쳤습니다. 그때 이모가 우리를 불렀습니다.

"애들아! 좀 쉬었다 해! 간식 먹고 놀자!"

그 말에 갑자기 배고픔을 느낀 우리는 쏜살같이 물 밖으로 달려나갔습니다.

"아저씨, 아직 안 끝났어요! 이차전은 간식 먹고 해요!"

"오브 코스(of course)! 가람이 도전, 언제든 받을 수 있어!"

가람이와 아저씨는 이모가 내미는 멜론을 먹으며 불꽃 튀는 눈싸움을 했습니다.

3 지혜로운 '수'

간식 바구니에는 아주머니가 싸주신 간식이 가득했습니다. 호밀 빵과 쿠키, 주스, 그리고 토마토와 멜론이 들어있었습니다. 우리는 정신없이 아주머니가 싸 주신 간식들을 먹었습니다. 얼마 후에는 그 많던 간식들이 하나도 남아 있지 않았습니다.

"피타고라스는 이 맛있는 간식들을 먹어도 맛이 없었을 거야."

가람이가 또 엉뚱한 말을 했습니다.

"왜?"

"수라고 생각하고 먹으면 맛이 있겠어? 식탁이 온통 수학 천지인데."

"하하하. 먹는 것 좋아하는 우리 가람이는 피타고라스가 참 밉겠구나?"

이모가 가람이를 놀렸습니다.

"아저씨. 저는 피타고라스가 수를 세계의 원질로 보았다는 것이 무슨 말인지 잘 이해가 안 돼요."

나는 아까부터 의문이 풀리지 않았던 것에 대해 물었습니다.

"엄……. 지호, 이거 어떻게 익스플레인(explain)해야 해?"

아저씨가 잠깐 생각에 잠겼습니다.

"언니는 대체 여행을 온 거야, 수학 공부를 하러 온 거야?"

가람이가 내게 불만을 표시했습니다.

"피타고라스의 수는 수학만이 아니라 철학 이야기이기도 해."

이모가 가람이에게 말했습니다.

"이모까지? 난 피타고라스보다 물놀이가 더 좋은데, 에구."

가람이가 모래 위에 벌렁 누워 버렸습니다.

"오케이, 리슨 업(listen up)! 포인트(point)가 하나 있어. 점. 이건 넘버(number) 1이야. 그리고 점과 점을 이은 선이 있어. 그건 투(two)야. 숫자 2. 그리고 쓰리(three) 점을 이으면 플레인(plane)이 돼. 유 노(you know)? 그게 3이야. 앤 나우(and now), 점 네 개. 이건 쓰리 디멘션스(three dimensions)야. 입체야, 입체. 이건 4야."

"그러니까 1은 점, 2는 점 두 개를 이은 선, 3은 점 3개를 이은 면, 4는 점 4개를 연결한 입체라고요?"

"댓츠 라잇(that's right)! 그거야!"

가람이는 늘 그랬던 것처럼 시저 아저씨의 이야기를 아무렇지도 않게 다 알아들으면서 내 기를 팍팍 죽였습니다.

"피타고라스, 생각했어. 1이 점이야? 이거 노, 아니야. 점이 1이야. 또 2가 선 아니야. 선이 2야. 이렇게 이 세상에 있는 에브리띵(everything)은 넘버(number)로 이야기해. 잇츠 파서블(it's possible). 가능한 일이야. 플레인(plane)은 3, 입체는 4가 되는 거야."

"피타고라스는 정말로 숫자들이 세상 모든 것들을 구성하고 있다고 생각한 거예요?"

"네, 맞아."

"그렇다면 숫자가 모여서 만들어진 물질은 다시 숫자로 나누어

질 수도 있겠네요?"

"피타고라스, 그렇게 생각해. 맞아."

"그것 봐. 내 얘기가 맞잖아. 언니 이마!"

가람이의 말에 나도 모르게 깜짝 놀라 이마를 만지작거렸습니다. 이모가 시저 아저씨의 말을 이어 받아서 설명했습니다.

"피타고라스는 모든 숫자의 기본을 1, 2, 3, 4로 보고, 수에도 사람처럼 계급이 있다고 생각했어. 그래서 수도 평민 계급과 귀족 계급으로 나누었단다. 웃기지?"

"뭐가 귀족 숫자고 뭐가 평민 숫자인데?"

"1, 2, 3, 4는 귀족 계급이고, 나머지는 평민이지."

머릿속으로 고상하고 우아한 1, 2, 3, 4의 모습을 그려 보았습니다. 그리고 우스꽝스런 모양이 떠올라 혼자 피식 웃었습니다.

"피타고라스는 숫자를 사람과 관련된 다른 사건이나 상황에도 비교하고 있어."

"어떤 거?"

"1은 사람의 지적인 능력, 2는 하나와 하나가 만난 둘이기 때문에 사람의 의견, 4는 정의, 5는 결혼, 그리고 7은 시간. 그밖에도 많이 있어."

"꼭 점을 보는 것 같아. 그럼 이모랑 시저 아저씨는 5를 하면 되겠다. 으히히!"

가람이가 농담을 하자 이모는 아랫입술을 꽉 깨물어 보였습니다. 그러면서도 얼굴이 홍시처럼 빨개진 이유는 무엇이었을까요? 시저 아저씨는 그저 싱글벙글 웃기만 했습니다.

"결국 수가 지혜라는 거네."

내가 진지하게 말하자 이모가 대답했습니다.

"그 반대일 수도 있어. 수가 지혜라기보다는, 지혜로운 것이 바로 수라는 거지."

나는 고개를 갸웃거렸습니다. 점점 더 미궁으로 빠져드는 것 같았습니다.

4 가장 아름다운 조화

바닷가에서 돌아오니 멋진 저녁 식사가 기다리고 있었습니다. 식탁에는 집 앞에서 꺾은 넝쿨장미가 꽂혀 있었습니다.

집 안에 장미꽃 향기가 은은히 퍼졌습니다. 물놀이를 마치고 기운이 쪽 빠진 상태에서 장미향을 맡으니 온 몸이 녹아내리는 것처럼 편안했습니다.

아주머니가 준비해 주신 요리의 주 메뉴는 감자를 곁들인 양고기였습니다. 육질이 아주 연하고 부드러웠습니다. 게다가 고기를 씹을 때 소스와 함께 입안에 가득 퍼지는 향도 아주 좋았습니다. 난 원래 고기를 별로 좋아하지 않는데 양고기는 아주 맛있게 먹을 수 있었습니다. 아주머니의 음식 솜씨는 보통이 아니었습니다.

오물오물 고기를 씹던 이모가 시저 아저씨에게 무슨 말인가 했습니다. 아저씨가 곧장 아주머니와 마주 보며 기뻐하는 걸로 보아 이모도 아주머니의 음식 솜씨를 칭찬한 것 같았습니다.

"이모도 좀 배워서 나중에 서울 돌아오면 만들어 줘."

가람이가 포크에 찍은 고기를 입으로 쏙 넣으며 말했습니다. 이모는 가람이를 흘끔 노려보았습니다.

이모는 요리 솜씨가 형편없습니다. 라면도 나보다 못 끓일 정도였으니까요. 가람이가 이모의 아픈 곳을 찌른 셈이었습니다.

"공부하려고 유학 왔지, 요리 배우려고 유학 온 줄 아니?"

새침해진 이모가 가람이에게 대꾸했습니다. 그럴 때 보면 이모와 가람이 수준이 똑같아 보였습니다.

"나도 이모 요리 솜씨가 좀 늘어서 돌아왔으면 좋겠어."

내가 가람이의 말에 동조한다는 듯이 말했습니다. 사실 맛없는 라면을 먹기란 정말 힘든 일입니다. 하하.

"요 녀석들이?"

이모는 우리에게 눈을 흘겼지만 미소는 감추지 못했습니다. 배가 고픈 우리는 곧 먹는 데에 집중했습니다.

식사가 끝나자 아저씨는 디저트로 아이스크림과 커피를 내왔습니다. 그리고 어른들에겐 커피를, 아이들에겐 아이스크림을 주었습니다.

"나도 커피 먹고 싶다."

"꼬맹이들은 안 돼."

그러면서 이모는 가람이의 아이스크림을 한 입 빼앗아 먹었습니다. 가람이는 이모가 얄미워서 이를 부득부득 갈았습니다.

"피타고라스, 이해 돼? 알겠어?"

시저 아저씨가 내게 물었습니다.

"아직 잘 모르겠어요. 사실 난 수에 대해 별 생각이 없었는데 피타고라스는 너무 많은 것들을 생각해 낸 것 같아요."

"예스. 맞아. 피타고라스, 수 많이 생각했어. 세상에서 가장 와이즈(wise)한 게 수."

그리고 아저씨는 마지막 남은 커피를 홀짝 입에 털어 넣었습니다. 이모가 덧붙여 설명해 주었습니다.

"피타고라스는 수학뿐 아니라 철학, 의학, 음악, 우주에까지 숫자의 중요성을 강조했어. 모든 것이 수의 조화라는 거야."

"조화?"

"그 조화가 깨지면 우주의 조화도 깨지는 것이지."

이모가 나와 가람이를 번갈아 쳐다보며 이야기했습니다. 아저씨와 이모의 설명을 듣다 보니 어느새 디저트까지 모두 먹어 버렸습니다.

아주머니는 먼저 들어가 주무시고 계셨고, 아저씨와 이모는 소파에서 어깨동무를 하고 앉아 창밖의 밤하늘을 바라보기 시작했습니다. 그때 가람이가 내게 눈을 찡긋 감아 보였습니다. 가람이가 그 신호를 보내는 것은 뭔가 꿍꿍이가 있다는 뜻이었습니다. 소리 없이 입만 움직여 물었습니다.

'왜?'

'올라가자.'

나는 그제야 가람이의 뜻을 짐작하고 고개를 끄덕였습니다.

"이모. 우리는 먼저 올라가서 잘래."

가람이가 기지개를 켜며 이모에게 말했습니다.

"응. 물놀이를 했더니 너무 피곤해. 이모는 물놀이도 안 했으니 아직 피곤하지 않겠네? 더 놀다가 올라와."

내가 맞장구를 치자 가람이가 고개를 끄덕거렸습니다.

"아직 시간도 이른데 착한 어린이들이네. 그래, 그럼."

우리 꿍꿍이를 모르는 이모가 말했습니다. 우리는 시저 아저씨와 이모에게 인사를 하고 계단으로 향했습니다.

"투모로우(tomorrow), 아까 본 플레이스(place), 위 윌 고(we will go). 거기 갈 거야."

이층으로 올라가는 우리의 등에 대고 시저 아저씨가 계속 말했습니다.

"오케이!"

우리는 이모를 남겨 두고 먼저 올라왔습니다.

우리가 자리를 피한 것은 시저 아저씨와 이모 두 사람만 함께하는 시간을 만들어 주기 위해서였습니다. 사실 우리는 아까 바닷가에서도 시저 아저씨가 이모의 애인이었으면 좋겠다는 바람을 이야기했거든요.

아저씨가 이모의 남자 친구라면 얼마나 좋을까요? 나중에 이탈리아에 오고 싶을 때 언제든 아저씨의 도움을 받을 수 있잖아요. 이곳에도 다시 놀러 올 수 있고 말이에요. 그래서 가람이와 나는 아저씨와 이모가 이야기를 나누고 있을 때면 멀리 떨어져 있곤 했습니다. 두 사람의 관계가 잘 발전될 수 있도록 말이에요. 히히. 아직은 이모와 시저 아저씨가 그런 우리의 꿍꿍이를 전혀 눈치 채지 못하고 있었습니다.

"아저씨가 이모를 좋아하는 것 같지?"

이층 방에 들어와 잠옷으로 갈아입자마자 가람이가 대뜸 물었습니다.

"글쎄, 잘 모르겠는데?"

나는 확신이 서지 않아 대답을 얼버무렸습니다.

"우리가 두 사람을 엮어 줘야 하는데……."

가람이는 골똘히 생각에 잠겼습니다.

"시저 아저씨는 이모를 좋아하는 게 분명해. 아저씨는 항상 이모부터 챙기잖아. 그건 좋아하는 마음이 있으니까 그런 거야."

가람이의 말을 듣고 보니 그런 것도 같았습니다. 시저 아저씨는 늘 이모에게 필요한 것을 미리 알아서 챙겨 주고 있었습니다.

"우리가 이제 이모하고 아저씨하고 있는 시간을 더 많이 만들어 줘야 해."

가람이가 팔짱을 끼고 말했습니다.

"누구하고 누구하고 있는 시간을 많이 만들어 준다고?"

갑자기 끼어든 것은 이모의 목소리였습니다. 하지만 가람이는 그것도 눈치 채지 못하고 말했습니다.

"이모하고 아저씨지, 누군 누구야."

"이모랑 아저씨를 왜?"

이모도 시침을 딱 떼고 말했습니다.

"아이참, 두 사람을 엮어 줘야 한다니까……."

답답하다는 듯 말을 잇던 가람이가 뒤를 획 돌아보았습니다.

"윽! 이모?"

가람이의 눈이 휘둥그레졌습니다.

"괜한 꿍꿍이를 꾸미느라 머리가 많이 아프지?"

이모가 방에 들어와 옷을 갈아입으며, 다 알고 있다는 듯이 말했습니다. 우린 멋쩍은 웃음을 지었습니다.

"이모. 솔직하게 말해 봐."

가람이는 기왕 들킨 김에 이모에게 이야길 꺼냈습니다.

"아저씨 좋아하는 거 아니냐고?"

이모가 먼저 선수를 쳤습니다.

"응. 이모든 아저씨든, 서로 좋아하는 거 아니야?"

"좋아해."

"좋아한다고?"

우리는 합창하듯 동시에 되물었습니다.

"친구인데 좋아하는 게 당연하잖아. 쓸데없는 공상하지 마. 우리는 친구 사이라고 분명히 말했다."

이모가 침대에 누우며 말했습니다.

"우리? 우리라고 했지, 이모? 호호호. 우리."

간지럽다는 듯 가람이가 침대에서 뒹굴었습니다.

"요 녀석이?"

가람이는 기어이 이모에게 꿀밤 한 대를 맞고 말았습니다.

"난 그냥 이모하고 아저씨하고 아름다운 조화를 이뤄 보라는 뜻에서……."

"아무것에나 아름다운 조화야?"

"배웠으니까 써 먹어야지."

그렇게 이모와 가람이는 한참이나 티격태격하다가 잠이 들었습니다.

5 피타고라스학파

빵빵, 자동차 소리가 들렸습니다. 시저 아저씨가 집 앞에서 우리를 재촉하는 소리였습니다.

"애들아, 어서 서둘러."

먼저 준비를 마친 이모가 말했습니다. 가람이와 나는 늦잠을 자는 바람에 허둥대며 외출 준비를 했습니다.

시차 때문인지 어젯밤에 바로 잠을 이루지 못했습니다. 오늘 아침 아주머니가 토스트와 주스를 방에 갖다 줄 때까지도 쿨쿨 자고 있었지 뭐예요.

"잠깐만, 이모."

가람이는 머리 스타일이 맘에 들지 않아 애를 먹었습니다. 기다리던 이모가 가람이의 머리를 묶어 주었습니다.

"유민이는 다 됐니?"

"응, 난 로션만 바르면 돼."

나는 서둘러 로션을 바르고 밖으로 나갔습니다.

시저 아저씨는 차에 앉아 시동을 걸어놓고 있었습니다. 우리는 얼른 차에 올라탔습니다. 아주머니가 집 앞까지 나와 손을 흔들어 주셨습니다. 우리도 손을 흔들었습니다.

이모가 시저 아저씨에게 무언가 알아들을 수 없는 말을 했습니다. 말하는 표정을 보니 늦어서 미안하다고 하는 것 같았습니다.

"댓츠 오케이(that's okay). 괜찮아. 우리 공주님들, 얼마든지 웨이팅(waiting) 할 수 있어."

시저 아저씨가 농담을 하며 우리에게 눈을 찡긋했습니다. 우리도 아저씨를 보며 활짝 웃었습니다.

이모와 아저씨는 이탈리아어로 대화하며 다시 웃고 떠들기 시작했습니다. 이럴 때 보면 정말 두 사람 사이에 뭔가 비밀이 있는 것도 같습니다. 가람이의 말이 맞는 건지 틀린 건지…….

"그런데 우리 어디 가기로 했더라?"

"어제 잠깐 가 봤던 데 있잖아. 피타고라스학파가 공동체 생활을 했다는 유적지."

"아항!"

가람이가 손뼉을 치며 이제 생각났다는 듯이 말했습니다.

"피타고라스가 피타고라스학파를 만든 거야?"

"그래. 피타고라스가 피타고라스의 정리를 세운 것처럼."

"또 피타고라스가 피타고라스네? 히히!"

"피타고라스가 피타고라스파? 하하!"

"그만해라, 너희들?"

이모가 어금니를 물고 말했습니다. 우린 입술을 삐쭉이며 장난을 그만두었습니다. 난 이모에게 물었습니다.

"피타고라스학파가 거기서 뭘 했는데?"

"피타고라스는 철학을 가르치기 위한 학교를 세웠어. 그래서 배움을 구하는 사람들과 함께 모여 살면서 공동체를 이루게 될 수 있었던 거지."

"그럼 기숙사 학교네?"

"오늘날로 치면 뭐, 그렇다고 볼 수도 있지."

시저 아저씨가 운전을 하며 덧붙였습니다.

"피타고라스, 가장 먼저 가르친 거, 쳐락 가르쳤어. 히 터웃 어 필로소피(he taught a philosophy)."

"아이참, 자꾸만! 쳐락이 아니라 철학이라고요!"

"오케이, 쳐락."

"쳐락 노. 철, 학, 오케이."

"벗 피타고라스, 철, 학만 온리(only) 티칭(teaching)하지 않았 어. 릴리전(religion)도 가르쳤고 매쓰(math)도 가르쳤어. 피타 고라스학파는 일종의 커뮤니티(community), 공동체였어."

"그럼 우리가 다니는 학교처럼 가르치고 배우기만 한 곳이 아니 라 단체 생활도 했다는 말이구나."

나는 얼른 물었습니다. 2500년 전에 그런 곳이 있었다는 것이 놀라웠습니다. 이모가 대답했습니다.

"응. 처음에는 젊은이들에게 철학만 가르치려고 했는데, 피타고 라스가 워낙 유명하다 보니 남녀노소 할 것 없이 많은 사람들이 모여들게 된 거지."

"피타고라스가 공동체를 만든 것이 아니라, 자연히 공동체가 형성된 거네?"

가람이도 제법 아는 척을 했습니다.

"그렇지. 그래서 피타고라스는 자신의 공동체에 모인 사람들에게 의무적으로 공동생활을 하게 만들었어. 그리고 가슴에 별 모양의 배지를 달아 주었지."

이모가 가슴을 가리키며 말했습니다.

"공부를 하려고 모여들었다니 정말 이상한 사람들이네!"

가람이가 입을 샐쭉거리며 말했습니다.

"네가 공부를 싫어한다고 다른 사람들도 다 그런 줄 아냐?"

나는 가람이를 놀렸습니다.

"칫. 그런 언니는 나보다 노래 잘해?"

"아니."

"그럼 나보다 그림 잘 그려?"

"아니."

가람이를 놀리려다가 오히려 내가 당했습니다. 가람이는 마지막 공격을 했습니다.

"그럼 나보다 밥 잘 먹어?"

"아니."

"하하하! 유민 루즈(lose)."

시저 아저씨가 웃으며 말했습니다.

"나보다 겨우 공부 하나 잘하면서, 잘난 척은."

가람이가 톡 쏘아붙이는 바람에 나는 할 말이 없어졌습니다. 사실 가람이의 말이 맞습니다. 공부 빼고는 가람이가 모든 면에서 나보다 앞섭니다. 가람이는 내 앞에서 노래를 잘 한다거나 그림을 잘 그린다고 뽐낸 적이 한 번도 없는데 말입니다. 난 가람이에게 조금 미안해졌습니다.

"가람아, 미안."

내가 사과를 하자 가람이는 금세 씩 웃어 보였습니다.

6 다시 태어난다면

드디어 피타고라스의 유적지에 닿았습니다. 우리는 주차장에 차를 세워두고 유적지로 들어갔습니다.

"피타고라스 공동체에는 어떤 사람들이 있었어요?"

나는 시저 아저씨에게 물었습니다.

"아깝다. 2500년 전이었으면 언니도 피타고라스 공동체에 들어갔을 텐데."

가람이가 곁에서 히죽거렸습니다.

"하하하."

이모와 시저 아저씨가 배꼽을 잡고 웃었습니다.

"아냐. 그땐 옛날이니까 여자를 차별했을 거 아냐? 여자라서 들어갈 수 없었을지도 몰라."

가람이가 고개를 갸우뚱거리며 말했습니다.

"그렇지 않아. 피타고라스, 그래서 대단해. 피타고라스는 자신의 커뮤니티(community)에 위민(women), 슬레이브(slave)도 받아들였어."

시저 아저씨가 웃음을 거둬들이고 말했습니다.

"노예들도요?"

가람이가 그 말을 다 알아들은 듯 되물었습니다. 슬레이브가 노예라는 뜻이었다는 걸 나는 처음 알았습니다. 가람이는 어떻게 알고 있었을까요? 정말 귀신이 곡할 노릇이었습니다.

어쨌든 피타고라스는 참 대단했습니다. 2500년 전 노예의 인권은 무시했다는데, 노예들에게도 공부할 수 있는 기회를 주었다니요. 그 당시로선 노예도 공부를 할 수 있다고 생각한 것 자체가 대단한 일이에요.

이모가 더 자세히 설명해 주었습니다.

"피타고라스는 이곳에서 사람들에게 자신이 배운 모든 것을 가르쳤어. 그 당시는 노예나 여자가 귀족들과 함께 공부를 한다는 것은 상상도 할 수 없는 일이었지. 피타고라스가 어떤 종교 활동으로 사람들을 현혹했는지는 몰라. 하지만 여자와 노예들에게는 은인과 같은 존재였을 거야. 그래서 우리는 피타고라스야말로 최초의 여성 해방 운동가이며 민중 해방론자라고 봐도 좋을 거야."

이모의 말을 들으니 정말 피타고라스가 근사해 보였습니다.

"그래서 피타고리안스(Pythagoreans) 중엔 워먼 필로소퍼(woman philosopher)도 많아. 여자 철학자, 많이 나왔어."

시저 아저씨가 덧붙여 설명을 했습니다. 행여 우리가 하나라도 놓칠 새라 그러는 것 같았습니다.

우리는 널찍한 공터에 다다랐습니다. 이모가 말했습니다.

"아마 이곳이 피타고라스학파 사람들이 거주하던 곳일 거야."

모두의 시선이 이모가 가리킨 곳으로 모아졌습니다.

"그 많은 사람들이 어떻게 한곳에 모여 공동체 생활을 할 수 있었지?"

"그것도 조화인가?"

우리는 둘 다 고개를 갸웃거렸습니다.

"사람들이 피타고라스에게 열광했던 이유는 또 있어."

이모가 우리를 보며 의미심장하게 말했습니다.

"그게 뭔데요?"

나는 호기심에 물었습니다. 스타도 아닌데 사람들이 피타고라스에게 열광한 이유는 무엇이었을까요?

"피타고라스는 사람이 윤회를 한다고 생각했어."

"윤회요?"

"사람이 죽으면 다시 태어나는 것 말이죠?"

가람이와 나는 이모를 쳐다보았습니다.

"그래, 바로 그 윤회야. 그런데 피타고라스는 사람이 이 세상에서 어떻게 살았는가에 따라 다음 세계에서 다른 계급으로 태어난다고 생각했지. 물론 더 좋은 계급으로 태어나기도 하겠지만, 더 낮은 계급으로 태어날 수도 있겠지."

"우와, 그건 부처님이랑 똑같은 생각이잖아?"

윤회 이야기가 나오자 가람이의 귀가 탁 트인 것 같았습니다.

"그 윤회설 때문에 사람들이 피타고라스를 아주 좋아한 거야."

"윤회설이 왜?"

나와 가람이는 고개를 갸웃거렸습니다.

"글쎄. 왜일까?"

이모가 웃으며 말했습니다. 스무고개도 아니고 도대체 뭘까요? 가람이와 난 골똘히 생각에 잠겼습니다.

"아하, 알았다!"

"뭔데?"

가람이가 눈을 크게 뜨고 물었습니다.

"윤회를 한다면, 여자나 노예들도 귀족 계급으로 다시 태어날 수 있다는 말이잖아. 그것 때문에 피타고라스가 인기를 끈 거 아니야, 이모?"

"바로 그거야. 가난한 사람들에게 그보다 더 희망적인 말이 어디 있었겠니? 당시 가난하고 힘없던 피지배층 사람들에겐 피타고라스의 윤회설이 아주 매력적이었지."

이모가 내 어깨를 두드리며 말했습니다. 시저 아저씨는 고개를 끄덕이며 웃고 있었습니다.

나는 많은 사람들이 일제히 '피타고라스!'를 외치면서 열광하는 모습이 떠올랐습니다. 죽었다가 다시 태어나 산다는 것, 그것도 평민이나 노예가 귀족으로 다시 태어날 수 있다는 것. 과연 그들에게 이보다 더 솔깃한 말이 있었을까요?

피타고라스의 윤회설

피타고라스학파에서는 죽은 사람의 영혼이 다시 태어난다는 윤회설을 중요하게 생각했습니다. 피타고라스가 피타고라스학파를 만든 가장 큰 이유도 바로 이 윤회설을 위해서라고 합니다.

피타고라스학파에서는 모든 사람들이 다 함께 살았다고 했죠? 고대 그리스의 귀족들은 평민과 함께 공부하거나 정치를 하는 것을 매우 싫어 했답니다. 왜냐하면 고대 그리스는 전쟁으로 잡혀 온 외국 사람들을 노예로 만들었기 때문이죠. 고대 그리스의 평민들 중에서는 이러한 노예 출신도 있었습니다. 그래서 귀족들은 평민과 어울리는 것을 싫어했던 것입니다.

피타고라스는 이러한 귀족들의 생각에도 불구하고 모든 사람은 평등하다고 여겼습니다. 그래서 남녀노소 할 것 없이 사람을 모아 공동체 생활을 하였지요. 이 공동체 생활에서 가장 필요한 것은 순수한 영혼이었습니다. 피타고라스학파에서는 순수한 영혼을 갖지 못한 사람은 절대로 윤회할 수 없다고 믿었기 때문입니다. 순수한 영혼만이 육체에서 벗어나 윤회를 할 수 있다는 것이지요.

그럼 영혼을 깨끗이 하기 위해서는 어떻게 해야 할까요? 피타고라스학파에서는 깨끗한 영혼을 위해 하지 말아야 할 것이 있다고 했는데, 그 중 하나가 콩을 먹지 않는 것이었습니다. 왜냐고요? 그건 알 수 없습니다. 오늘날까지도 많은 사람들은 왜 피타고라스가 깨끗한 영혼을 위해서 콩을 먹지 말라고 했는지 궁금해 하고 있습니다. 그 외에도 여러 금기 사항이 있었는데, 그것들은 모두 콩을 먹지 말라고 한 것과 비슷한 수준의 미신이었습니다. 과학이 발달하지 못했던 옛날에는 미신이 많이 있었겠지요?

깨끗한 영혼을 위해 피타고라스는 육체도 깨끗이 할 것을 가르쳤답니다. 그래서 피타고라스는 의학에도 관심이 많았습니다. 의학은 곧 육체에 관한 공부이기 때문이지요.

피타고라스가 깨끗한 영혼을 위해서 가장 중요하게 생각한 것은 음악과 철학입니다. 피타고라스는 음악과 철학이 사람의 영혼을 깨끗하게 해

준다고 믿었습니다. 사람들은 음악과 철학을 통해 나쁜 생각과 욕심에서 벗어날 수 있다고 생각했습니다. 이처럼 금기 사항을 정하고 영혼을 정화하고자 했던 피타고라스학파는 금욕적인 생각을 갖게 되었답니다.

4

콩밭에 누워서 본
하늘은 어땠을까?

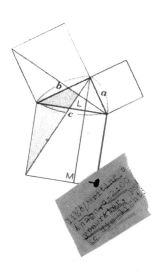

 피타고라스는 마음에 들지 않으면, 노예든 귀족이든 구별하지 않고 같이 처벌하였다.

— 디오게네스 라에르티우스, 《위대한 철학자의 생애와 사상》 중

1 가람이는 얄미워

"여기? 여기서, 피타고라스 죽었어. 히스 데드(he's dead)."

시저 아저씨가 가리킨 곳은 아주 넓은 콩밭이었습니다.

아저씨의 말은 참 황당했습니다. 피타고라스학파는 주변 도시 사람들의 시기와 질투로 몰락했다고 합니다. 그래서 그들에게서 도망을 치다가 이곳 콩밭에서 죽었다는 거예요. 위대한 삶을 살았던 피타고라스가 이런 모습으로 죽었다니 참 어이가 없는 일이었습니다.

"피타고라스는 콩을 싫어했잖아요?"

나는 의심이 생겨 물었습니다.

"응. 그래서 피타고라스학파에서는 콩을 먹지 않았지."

이모가 알려 주었습니다.

"그런데 피타고라스는 왜 콩밭에 가서 죽었을까요?"

"글쎄. 뭔가 이유가 있었겠지. 아니면 피타고라스가 생전에 콩을 싫어했다는 걸 아는 사람들이 피타고라스의 죽음을 과장해서 퍼뜨린 이야기일 수도 있고."

이모가 설명을 해 주어도 이해가 잘 안 갔습니다. 그때 불쑥 가람이가 끼어들어 말했습니다.

"난 이유를 짐작할 수 있을 것 같아요. 피타고라스가 왜 그렇게 콩을 싫어했는지."

"왜?"

시저 아저씨와 이모가 가람이를 흥미롭게 쳐다보았습니다. 가람이는 잔뜩 폼을 잡더니 말을 이어갔습니다.

"피타고라스는 어릴 때부터 기적을 행하는 기술을 배웠고, 칼데아 사람들로부터는 천문학을 배워서 별자리를 보았다고 했잖아?"

"그랬지."

"피타고라스는 신비한 의식도 배웠단 말이야."

"그게 콩을 싫어한 거랑 무슨 관계가 있어?"

가람이가 뜸을 들이기에 기다리다 못한 내가 끼어들었습니다.

"참. 잘 생각해 봐. 아저씨와 이모도 조화를 생각해 보세요."

가람이는 우릴 한 바퀴 둘러보며 말했습니다.

"그래, 그런데 그 이유가 뭐니?"

이모가 물었습니다.

"간단해요. 피타고라스가 공부한 것을 종합해 보면, 피타고라스는 분명 미래를 볼 수 있는 능력이 있었을 거예요. 그렇게 생각하지 않나요?"

가람이의 말에 이모와 시저 아저씨는 그럴 듯하다는 반응을 보였습니다.

"별자리, 기적, 신비 의식. 그 정도면 미래를 볼 수 있었다고 할 수 있겠지."

시저 아저씨가 고개를 끄덕이며 말했습니다. 이모도 곁에서 고개를 끄덕였습니다.

"바로 그거에요. 피타고라스는 자신이 콩밭에서 죽을 걸 알았던 거예요."

가람이의 목청이 커졌습니다. 시저 아저씨와 이모는 환하게 웃었습니다.

"이모. 가람이 말이 설득력이 있는 거야?"

나는 가람이의 말을 믿어야 할지 말아야 할지 몰라서 이모에게 물었습니다.

"그래서 피타고라스학파 사람들에게는 콩을 먹지도 못하게 하고, 콩밭도 가꾸지 못하게 했다 이거지?"

시저 아저씨가 가람이에게 물었습니다.

"그렇다니까요."

"가람이가 나를 아주 헷갈리게 하네? 다시 한번 생각해 보자. 피타고라스는 미래를 볼 수 있는 능력이 있습니다. 그래서 자신이 콩밭에서 죽는다는 사실을 알았습니다. 그러나 콩밭이 없으면 자신은 죽지 않을지도 모릅니다. 그래서 콩을 못 먹게 하고 콩밭도 모두 없앴습니다. 그것 참 말 되네."

시저 아저씨가 이모와 나를 보며 말했습니다. 가람이는 어깨가 으쓱해졌습니다. 하여간 엉뚱한 생각은 가람이를 따라갈 수 없습니다.

"우리 가람이가 대단하구나!"

이모가 가람이를 칭찬했습니다.

"거참. 다 타고난 천재성 덕분이라고 할 수 있지."

가람이가 한껏 으스대며 말했습니다.

"무슨 천재성?"

으스대는 가람이가 아니꼬워서 비꼬아 말했습니다.

"언니는 겨우 공부 하나 잘 하면서 뭘 그래? 나는 공부 빼고는 다 잘한다 뭐."

"하하하, 그래 가람이는 천재야."

가람이가 입을 삐죽거리자 시저 아저씨가 가람이 편을 들며 크게 웃었습니다.

"그런데 가람아. 피타고라스는 자신이 공을 세우고도 한 번도 자신 개인의 업적으로 돌린 적이 없었다는 건 모르지?"

이모가 장난기를 거둔 말투로 가람이에게 물었습니다. 난 얄미운 가람이를 납작하게 만들어 줄 게 뭐가 있을까 싶어 귀를 쫑긋 세우고 되물었습니다.

"이모, 그게 무슨 말이야?"

"아함, 글쎄? 우리 어디 좀 가서 앉을까?"

"그래, 그래. 암 타이얼드(I'm tired). 햇볕 베리 베리 핫(very

very hot). 힘들어."

"저기 나무 그늘이 좋겠다."

이모가 그늘을 발견하고 앞장섰습니다. 나는 이모가 하려던 이
야기를 까먹을까봐 마음속으로 가람이 납작콩, 가람이 납작콩 하
고 되뇌며 그늘로 이동했습니다. 그늘에 앉자마자 바로 이모에게
물어보려고요.

우리는 콩밭에서 조금 떨어진 곳에 있는 그늘로 갔습니다. 커다
란 나무가 세 그루나 있어서 그늘이 제법 넓었습니다. 그곳에 앉
으니 콩밭의 전경이 한눈에 들어왔습니다. 그 뒤로는 멀리 바다가
보였습니다.

"아저씨, 이쪽으로 앉아요."

가람이가 제 곁에 시저 아저씨를 앉게 했습니다. 나는 이모 곁
에 앉았습니다.

"이렇게 앉아 있으니 가족 소풍이라도 온 것 같은데?"

시저 아저씨가 이모를 보며 말하자 이모의 볼이 약간 붉어졌습
니다. 그 순간을 놓치지 않고 가람이가 내게 눈을 찡긋거렸습니
다. 역시 자기 짐작이 맞았다는 말을 하고 싶었나 봅니다.

하지만 나는 가람이의 신호를 알아챘으면서도 그냥 고개를 돌려 버렸습니다. 가람이 생각이 틀린 것 같진 않았지만 그냥 모른 척하기로 한 거죠. 가람이에게 아직 화가 안 풀렸기 때문입니다. 그런데 가람이는 내 태도에 별로 기분도 안 상했는지 이모와 시저 아저씨의 모습을 계속 관찰할 뿐이었습니다.

'언니로서 너무 속이 좁은 건가? 동생이 자랑하면 칭찬하면서 들어 주는 게 언니 아닌가?'

나는 문득 내가 언니답지 못하고 가람이랑 똑같은 수준에서 놀려고 했던 것 같아 조금 부끄러워졌습니다.

하지만 다시 생각해도 가람이는 너무합니다! 언니에게 너무 버릇이 없어요. 툭하면 놀리고 무시하고…….

한 번쯤은 단단히 버릇을 고쳐 주어야 할 필요가 있다고 생각하며 약해지는 마음을 다잡았습니다. 가람이에게 늘 질 수만은 없었습니다.

"가람이 납작콩."

"뭐?"

이모와 시저 아저씨, 가람이가 동시에 날 쳐다봤습니다. 아차, 이 말이 아니죠?

"아, 아니. 그게 아니라…… 무슨 말을 하려고 했더라?"

"내가 왜 납작콩이야!"

"아, 그게 아니야. 가만히 있어 봐. 할 말을 까먹었잖아."

"언니. 날 납작콩으로 만들고 싶었던 거야?"

그 말에 시저 아저씨와 이모가 배를 잡고 깔깔 웃었습니다. 난 식은땀을 흘리며 쩔쩔매다가 간신히 하고 싶은 말을 생각해 냈습니다.

"아, 생각났다! 이모, 아까 하려던 말이 뭐야?"

"뭐?"

"피타고라스의 업적이 뭐라고……."

그러자 이모는 또 한 번 배를 잡고 뒤로 넘어갈 듯 웃었습니다.

"아하하! 그거 말하려고 한 거야?"

시저 아저씨도 옆에서 싱긋 웃었습니다. 이모는 웃음을 간신히 멈추고 이야기를 꺼냈습니다.

"우리 가람이가 피타고라스한테 배워야 할 게 있는 것 같아서."

이모의 말에 가람이의 눈이 커졌습니다.

"그게 뭔데?"

"가람아, 들어 봐. 피타고라스는 철학과 수학에 많은 공을 남겼어. 그렇지만 자신의 이름으로는 책 한 권 남기지 않았지."

"왜?"

"피타고라스는 자신의 철학이나 모든 연구들을 피타고라스학파의 이름으로 발표했어."

"이상한 사람이네. 왜 자기가 한 일을 다른 사람들 이름으로 발표해?"

가람이가 이해할 수 없다는 듯이 고개를 갸웃거렸습니다. 잠자코 있었지만 나도 사실 피타고라스가 이해되지 않았습니다.

"피타고라스는 자신의 모든 공을 공동체에 돌렸던 거지. 그래서 사람들은 피타고라스를 정직하고 도덕적인 사람으로 여기고 좋아하게 된 거야. 여기서 문제! 피타고라스학파 사람들은 이 세상에 세 부류의 사람들이 있다고 했어."

"세 부류의 인간?"

"응. 그게 뭘까?"

가람이에게 말할 기회를 빼앗길까 봐 얼른 대답했습니다.

"잘난 척하는 사람, 겸손한 사람, 아무렇지도 않은 사람."

"하하하."

내가 대답을 가로채며 가람이에게 메롱 하고 혀를 내밀자 가람이는 입술을 꽉 옹크리며 날 쏘아보았습니다.

"아니야. 첫 번째 부류는 신과 같은 사람이고, 두 번째 부류는 죽을 운명을 타고 난 보통 사람, 세 번째 부류는 피타고라스 같은 도덕적인 사람이지. 그 정도로 피타고라스학파 사람들은 피타고라스를 위대하게 보았어."

"아, 이모 알겠다. 그러니까 가람이처럼 너무 잘난 체하지 말고 겸손해라 그 말이구나?"

나는 이모의 말에 때를 놓치지 않고 가람이를 공격했습니다. 가람이는 인상을 구겼지만 이모와 시저 아저씨는 웃음을 터뜨렸습니다.

"그 정도는 아니고, 우리 가람이가 조금만 더 겸손을 배웠으면 해서."

"이모 미워."

기분이 상했는지 가람이가 입술을 내밀며 토라졌습니다.

"그렇지만 우리 가람이가 얼마나 이쁜데."

이모가 가람이의 볼을 살짝 꼬집었습니다. 그러자 가람이는 이모의 손을 뿌리쳤습니다.

"가람아, 가람아"

이모가 애교를 부리며 가람이의 옆구리를 간지럽혀도 가람이 화는 풀리지 않았습니다.

"난 가람이처럼 컨피던트(confident)한 사람 좋아. 베리 굿 (very good)이야."

곁에서 지켜보던 시저 아저씨가 말했습니다. 가람이는 표정이 밝아져서 아저씨에게 물었습니다.

"당당한 여자가 좋다고요?"

"그래. 투 머치(too much)하면 안 돼. 하지만 가람이처럼 컨피던트(confident)한 건 좋아. 아이 씽크 댓츠 올라잇(I think that's alright). 그러니 가람이, 돈 비 앵그리(don't be angry). 어서 화 풀어."

시저 아저씨의 말에 가람이의 얼굴이 환해졌습니다. 그 바람에 가람이를 얄미워하던 내 마음도 같이 풀렸습니다. 사실 나도 가람이가 기뻐하는 모습을 아주 귀여워한다고요. 다만 이번 여행처럼 얄밉게 굴 때만 잠깐 미워했던 것뿐이죠.

시저 아저씨가 칭찬 한마디 해 줬다고 저렇게 기뻐하는 걸 보니 저 녀석은 아직 어린 애예요…….

어린 내 동생 가람이.

앞으로는 가람이를 이해할 수 없는 일이 생겨도 그냥 어려서 그러려니 하고 넘겨야겠어요, 헤헤.

2 고물차 릉릉

　　콩밭 유적지를 나와서 우리는 근처에 있는 고대 유물을 보러 가기로 했습니다. 시저 아저씨가 자주 가는 곳으로 우리를 안내해 주기로 하셨습니다. 이탈리아의 고대 유적은 아직 한 번도 보지 못했기 때문에 가람이와 나는 기대에 부풀었습니다.

　　"아저씨, 아직 멀었어요?"

　　이십 분쯤 지났을 때 가람이가 물었습니다.

　　"아직 조금 왔어. 더 많이 가야 해. 원 아워(1 hour) 더 걸려."

“한 시간이나요?”

가람이는 마음이 급한 모양입니다.

“우리 가람이가 유적에 관심이 많구나?”

이모가 웃으며 말했습니다. 그때였습니다.

“어? 어?”

시저 아저씨가 놀라며 소리쳤습니다.

“왜? 무슨 일인데?”

곁에 있던 이모가 물었습니다. 그 순간 우리가 타고 있던 차가 갑자기 덜컹하고 멈춰 섰습니다.

“아저씨, 왜 그래요?”

이상한 기분이 들어 내가 물었습니다. 아저씨는 내 말에 대답도 없이 차에 시동을 다시 걸었습니다. 그러나 몇 번의 시도에도 시동은 걸리지 않았습니다. 아저씨는 땀을 흘리며 이리저리 차를 살피기 시작했습니다.

“차가 브로큰(broken)한 것 같아.”

시저 아저씨가 난처한 얼굴로 말했습니다.

“차가 너무 고물이에요.”

가람이가 기다렸다는 듯이 말했습니다.

"어떻게 된 거야? 방법이 없어?"

곁에 있던 이모가 아저씨에게 물었습니다.

"웨잇 어 미닛(wait a minute). 잠깐 기다려. 암 쏘리(I'm so sorry). 미안."

아저씨는 차에서 내려 엔진 쪽을 살피기 시작했습니다.

"어떡하지? 이모."

나는 걱정이 되어 물었습니다.

"기다려 보자. 아저씨가 알아서 하실 거야."

"처음 기차역에서 볼 때부터 불안하긴 했어."

가람이가 볼멘소리를 했습니다. 사실 나도 기차역에서 처음 차를 봤을 때 언젠가 이런 일이 생길 거라고 생각했습니다. 서울에서는 이런 고물차가 굴러다니는 것을 한 번도 보지 못했거든요. 시저 아저씨는 참 구두쇠인가 봐요. 저 같으면 새 차를 하나 샀을 텐데.

"더우니까 밖에서 기다리자."

이모의 말에 우리는 차에서 내렸습니다. 도로에는 지나가는 차도 없었습니다. 우리는 도로가에 털퍼덕 주저앉았습니다.

"아저씨 이거 몇 년 된 차예요?"

기다리기 지루했는지 가람이가 물었습니다.

"나인틴 이얼즈(nineteen years)."

아저씨는 우리를 보며 쑥스러운 듯 말했습니다.

"헤엑! 19년요?"

가람이와 나는 깜짝 놀라 말했습니다. 나도 나인틴이 19년이란 것쯤은 알아들었거든요.

이 차는 우리가 태어나기 훨씬 전에 만들어진 차였습니다. 이십 년이 다 된 차가 굴러다닌다는 것이 너무 신기했습니다. 가람이가 황당한 표정으로 물었습니다.

"그런데 왜 새 차로 안 바꿔요?"

"새 차, 와이(why)? 이것도 잘 가. 릉릉"

"이렇게 고장이 났는데 잘 굴러간다고요?"

"하하. 지금은 히즈 브로큰(he's broken). 하지만 이건 마이 파더(my father)가 게이브 미(gave me)한 차야."

아저씨가 수리하다 포기했는지 우리 쪽으로 오며 말했습니다.

"차는 어떻게 하려고?"

이모가 아저씨에게 물었습니다.

"마이 카(my car)…… 으으! 개러지(garage) 가야 돼. 아이 햅

투 고 투 더 개러지(I have to go to the garage)."

아저씨가 말했습니다.

"어어? 그럼 우리 고대 유적은 어떻게 보러 가요?"

"암 쏘리, 가람."

시저 아저씨가 포기하듯 사과하자 가람이 눈에 눈물이 그렁그렁해졌습니다. 이모는 그런 가람이의 머리를 쓰다듬으며 아저씨에게 물었습니다.

"정비소는 멀어?"

"노노. 메이비 잇츠 니얼바이(maybe it's nearby). 근처, 가까이 있어. 내가 히치하이크(hitchhike)해서 다녀올게. 조금만 웨잇(wait), 오케이? 알 비 백 순(I'll be back soon). 돈 워리(don't worry)."

"알았어. 걱정 말고 갔다 와."

"엄……."

이모와 이야길 마친 시저 아저씨는 히치하이킹을 하려다 말고 허리에 손을 짚은 채 멀뚱히 차를 바라보고 서 있었습니다. 이모와 가람이와 난 그런 아저씨를 멀뚱히 바라보았습니다. 아저씨는 골똘히 고민하는 표정으로 꼼짝도 하지 않았습니다. 뭔가 차에 문제가 있는 걸까요? 차가 폭발하기라도 하는 걸까요? 마음이 답답해졌습니다.

이상하게 여긴 이모가 물었습니다.

"왜 안 가?"

"엄……. 마이 카(my car)를 숄더(shoulder : 갓길)로 치워야 해. 근데 아이 캔트 두 잇 얼론(I can't do it alone). 나 혼자 못 해. 우쥬 플리스(would you please) 도와줄래?"

"우리가요?"

가람이가 눈이 휘둥그레지며 물었습니다.

"예스. 올 유 두(all you do). 컴 온 앤(come on and) 밀어."

우리는 하는 수 없이 바닥에서 일어나 차 뒤쪽으로 갔습니다. 시저 아저씨는 운전석을 열고 핸들을 조정하면서 문을 밀었고, 이모와 우리는 낑낑거리며 차 뒤쪽을 밀었습니다. 그러자 차가 천천히 굴러갔습니다. 우리 힘으로 무거운 차가 굴러가니까 신기했습니다.

시저 아저씨의 말대로 우린 차를 갓길에 잘 세워 놓았습니다. 네 사람의 이마에 땀이 송골송골 맺혔습니다. 시저 아저씨는 이모와 이야기를 나누다가 마침 지나가던 트럭을 보고 고래고래 소릴

지르며 달려갔습니다. 그냥 가던 트럭이 저 앞에 서자 시저 아저씨가 잽싸게 올라탔습니다. 우린 아저씨가 쫓겨나지나 않을까 주의 깊게 지켜보았지만 트럭은 잠시 후 출발하여 곧 사라졌습니다.

우리 셋은 도로에서 아저씨를 기다리고 있었습니다.

"어휴. 19년이나 된 차라니, 정말 골동품이 따로 없네."

가람이가 화풀이 하듯 발로 차를 톡톡 차며 말했습니다. 그때 지나가던 차가 우리에게 경적을 울리며 지나갔습니다.

"이게 뭐야? 창피해."

나도 가람이의 마음이 이해가 되어 말했습니다. 이모가 가람이와 나에게 다가왔습니다.

"얘들아. 사실 이 차는 시저 아저씨 아버지의 손때가 묻은 차야. 아저씨는 아버지가 물려주신 이 차를 무척 자랑스럽게 생각해. 그래서 정비소에서 더 이상 고칠 수 없다고 할 때까지 타고 다닐 작정이래. 그런데 아저씨가 아끼는 차를 너희들이 그렇게 무시하면 되겠니?"

이모가 진지하게 우리를 타일렀습니다. 우리는 아저씨에게 큰 잘못을 한 것 같은 생각이 들었습니다. 만약 엄마가 선물해 주신 머리핀을 친구들이 촌스럽다고 놀리면 어떤 기분일까요? 엄마가 알면 무척 속상해 할 테니까 집에 와서 놀림 받았다는 말도 못할 거예요. 그런데 우리는 아저씨의 아버지 차를 고물이라고 퉁퉁거리기만 했으니, 아저씨의 아버지가 들으셨다면 얼마나 속상하셨을까요?

"이따 아저씨 오시면 사과할게, 이모."

난 우물쭈물 이모에게 말했습니다. 이모에게도 왠지 미안했습니다.

"좋아. 그럼 아저씨가 정비소에 갔다 오는 동안 우리는 재미있는 이야기를 하면서 기다릴까?"

이모는 길 옆 풀밭에 벌러덩 눕더니 옆자리를 톡톡 가리키며 말했습니다. 우리는 히히거리며 이모 곁으로 다가가 나란히 벌러덩 누웠습니다.

3 피타고라스의 몰락

하늘이 무척 맑았습니다. 구름 사이로 내리쬐는 햇빛이 눈부셨습니다. 풀밭에 누워 있으니 콩밭에서 쓰러져 죽었다는 피타고라스가 생각났습니다. 피타고라스 죽던 날도 이렇게 맑았을까요? 피타고라스도 죽기 전에 하늘을 올려다보았을까요?

"이모. 피타고라스는 왜 콩밭에서 죽었어?"

이모에게 물었습니다.

"음. 이유는 여러 가지가 있어. 피타고라스학파 안에서 내분이 일어났고, 학파 밖에선 피타고라스를 시기하고 질투하는 사람들이 많았지."

"왜 그렇게 됐어?"

가람이가 물었습니다. 이제 가람이도 피타고라스에 대해 점점 흥미를 갖는 것 같았습니다.

"피타고라스의 생김새나 기적 행사에 관한 일화가 많아. 피타고라스는 공동체의 규칙에 따라 이 모든 것들을 비밀에 부치라고 명령했지."

"왜?"

"왜인지는 모르겠지만 어쨌든 피타고라스의 인품과 피타고라스가 행한 기적을 듣고서 피타고라스의 공동체를 찾는 사람이 점점 늘어나게 되었지."

"사람들이 많이 모일수록 비밀은 점점 밝혀졌겠네?"

내가 고개를 갸웃거리며 물었습니다.

"어머? 유민아, 어떻게 그런 생각을 했어?"

이모가 놀란 듯 날 쳐다보며 환한 미소로 물었습니다.

"비밀이라는 건 아는 사람이 많아질수록 비밀이라고 할 수 없게 되잖아."

"똑똑하네? 그래. 유민이 말이 맞아."

"그래서 피타고라스학파가 몰락한 거야? 비밀 때문에?"

가람이가 질 수 없다는 듯 끼어들었습니다.

"그것도 이유이긴 하지만 더 직접적인 원인은 따로 있지."

"어떤 이유?"

"피타고라스는 교육을 많이 받은 사람이었어. 크로톤에 살던 사람들도 피타고라스에게 많은 교육을 받았지. 따라서 피타고라스학파 사람들은 교육을 받지 않은 다른 크로톤 사람들보다 더 똑똑했단다. 그래서 정치계에도 진출해서 많은 영향을 끼치기도 했지. 말하자면 피타고라스학파는 엘리트 집단이었던 셈이야.

그런데 당시 이탈리아는 고대 그리스의 영향을 받아서 민주주의가 막 생겨나기 시작한 때였어. 그래서 크로톤에도 민주주의를 원하는 사람들이 차츰 늘어났지. 하지만 피타고라스학파는 엘리트 집단답게 귀족주의를 버리지 않았던 거야. 자신들이 계속 정치권력을 가지길 원했으니까."

이모는 긴 이야기에 숨이 차는지 잠시 호흡을 골랐습니다.

"그래서 민주주의와 귀족주의가 맞부딪힌 거야?"

내가 이모에게 물었습니다.

"그렇지. 피타고라스학파는 크로톤의 민주주의자들에게 아주 큰 적이었던 거지."

이모의 말에 가람이와 나는 고개를 끄덕였습니다.

"그래서 민주주의자들의 공격을 받아서 피타고라스도 죽고 피타고라스학파도 몰락한 거야? 민주주의자들이 너무하네."

이모는 가람이의 질문에 웃음을 지었습니다.

"결과적으론 그래. 그런데 중요한 건 그 과정이지. 피타고라스학파가 어떻게 몰락했을까?"

가람이는 이모가 되묻자 할 말이 없는 듯 조용히 있었습니다. 나 역시 궁금해서 이모가 이야기해 주길 기다렸습니다.

"피타고라스학파의 몰락은 그 내부에서 시작이 되었어. 공동체 사람들이 점점 많아지면서 피타고라스에 대한 거짓들이 하나하나 알려지기 시작했지. 피타고라스는 학파 사람들을 멋지게 속여 왔던 거야."

이모의 말에 우리는 깜짝 놀랐습니다. 그렇게 인품이 훌륭하다고 존경받던 피타고라스가 사실은 한 가족 같은 사람들마저 속아 넘어갈 정도로 감쪽같이 사기를 쳐 왔다는 것이 믿어지지 않았습니다.

"피타고라스가 사기꾼이었다고?!"

"피타고라스의 사상 자체가 거짓은 아니야. 하지만 그가 사람들을 속였다는 것이 명백한 사실로 드러난 거지."

"그럼 피타고라스가 행했던 기적도 다 거짓이었던 거야? 마술사들이 눈속임을 하는 것처럼?"

"응. 마술사들은 즐거움을 주기 위해 눈속임을 하지만, 피타고라스는 다른 이유였지. 그래서 흔들리지 않을 것 같던 피타고라스의 공동체도 변하기 시작했어. 피타고라스의 모든 행동을 믿고 따랐던 사람들이 피타고라스를 의심하기 시작한 거지. 그 모든 것들이 거짓일 수도 있다고 말이야. 겉으로는 조용하고 화목한 가족처럼 보이는 피타고라스 공동체는, 그 속에서부터 조화와 질서에 금이 가고 있었던 거야."

"피타고라스도 그걸 알았어?"

"알았지. 그는 위협을 느꼈을 거야."

"그래서 어떻게 했어?"

"결단을 내렸지."

"어떤 결단?"

가람이는 계속 조급하게 물었습니다.

"민주주의에 대항해서 자신들의 귀족주의를 지키겠다고 선언했었지."

이모가 안타까운 표정으로 말했습니다.

"피타고라스는 피타고라스학파 외의 사람들을 교육시킨다는 목적으로, 자신의 공동체에 속하지 않은 사람들을 무참하게 죽이고 도시를 불 질렀어."

"뭐라고?"

"세상에! 뭐 그런 나쁜 사람이 다 있어?"

가람이와 난 너무 놀라서 벌떡 일어섰습니다. 우린 너무 흥분해서 피타고라스가 앞에 있으면 따지기라도 할 기세였습니다. 사람들을 죽이고 도시에 불을 질렀다니, 이건 완전 독재 아닌가요? 너무 충격이었습니다!

"도저히 이해가 안 돼!"

"피타고라스는 자기 무덤을 판 거야!"

피타고라스가 왜 그런 짓을 했는지 우리는 도무지 이해가 되지 않았습니다.

"바로 그거야, 유민아. 피타고라스는 공동체 사람들이 자신을 도와주리라고 믿었어. 하지만 공동체 사람들 중에 피타고라스를 싫어하는 사람들이 있었는데, 그 사람들이 피타고라스를 배신하고 공동체에 불을 지르면서 서로 싸우게 된 거지.”

“그래서, 피타고라스는 그때 죽은 거야? 사람들에게 쫓기다가 콩밭에서?”

흥분한 가람이의 목소리가 높아졌습니다.

“피타고라스의 죽음에 대해선 여러 가지 설이 있어. 콩밭에서 죽었다는 건 그중 하나일 뿐이지. 아무도 피타고라스가 어떻게 죽었는지 몰라.”

이모가 고개를 흔들며 말했습니다.

“그럼 또 다른 설은 뭐가 있는데?”

“피타고라스를 계속 지지하던 사람들이 그에게 더 이상 크로톤 사람들을 괴롭히지 말고 조용히 지내라며 살려 주었다는 이야기도 있어. 그러나 그것이 오히려 자신을 더 비참하게 만든다고 느낀 피타고라스는 아무것도 먹지 않고 굶어 죽었다고 전해지지.”

우리는 이모의 이야기를 들으며 비참한 피타고라스의 몰락에 대해 안타까워했습니다.

“그때 피타고라스가 몇 살이었어?”

가람이가 아까보다 한결 차분해진 목소리로 물었습니다.

"분명하지 않아. 일흔 살이라고도 하고 아흔 살이라고도 하니까. 심지어는 백일흔 살까지 살았다는 이야기도 있다니까."

이모는 긴 이야기를 마쳐서 입술이 자꾸 마르는 듯했습니다.

우리 셋은 모두 한동안 말 없이 가만히 있었습니다. 다시 이모 옆에 누워 구름이 흘러가는 모습을 바라보았습니다. 저 구름은 진실을 알고 있을까요?

침묵을 깬 건 가람이였습니다.

"아주 신비에 싸인 사나이였군. 큭큭!"

한참동안 조용하던 가람이가 다시 본래의 모습을 찾아 장난스럽게 말했습니다. 아이고, 어쩐지 가람이의 진지함이 오래간다 싶었어요!

4 우리가 다시 만나면

시저 아저씨가 나타난 것은 한 시간이 지난 후였습니다. 아저씨는 견인차 옆 좌석에 타고 나타났습니다.

"아저씨, 이제 오면 어떡해요?"

가람이가 차에서 내리는 아저씨에게 따지듯 물었습니다.

"하하. 미안. 빨리빨리 허리(hurry)했는데. 하하."

아저씨는 뒷머리를 긁적이며 둘러댔습니다.

"어떡하지? 오늘 스케줄(schedule)이 브로큰(broken) 되어서.

미안."

아저씨가 이모에게 말했습니다.

"괜찮아. 대신 아이들하고 많은 이야기를 했거든."

이모는 우리에게 눈을 찡긋하며 말했습니다. 시저 아저씨는 차를 견인할 수 있도록 두 차를 연결했습니다.

"자, 모두 겟 인 더 카(get in the car). 재밌어요. 잇츠 익사이팅(it's exciting). 이게 리얼 트립(real trip)이야. 잇츠 리얼(it's real)! 얼른 타. 빨리빨리!"

시저 아저씨는 싱글벙글하며 말했습니다. 미안해서 우리를 재밌게 해 주려고 이야기하는 아저씨를 위해 기분 좋은 얼굴로 차에 올라탔습니다. 어차피 한 시간이나 거리에 있었기 때문에 어디로든 빨리 움직이고 싶었습니다.

먼저 견인차가 서서히 출발하자 아저씨의 차도 그 힘으로 앞으로 나가기 시작했습니다.

"드링스 앤 스낵스(drinks and snacks)."

아저씨가 음료수와 과자가 들어있는 봉투를 내밀었습니다.

"와, 음료수 마시고 싶었는데."

가람이가 제일 먼저 음료수 캔 하나를 꺼냈습니다. 이모는 생수를 한 병 가져갔습니다. 말을 많이 해서 목이 말랐을 거예요. 우리는 아저씨가 사다 준 간식을 정신없이 먹었답니다. 배가 많이 고팠거든요.

견인차 뒤에 끌려가며 주위의 경관을 구경하는 것도 무척 재미있었습니다. 가람이와 나는 시저 아저씨에게 차에 대해 함부로 말했던 것을 사과했습니다. 그러나 시저 아저씨는 오히려 우리를 고생시켜서 미안하다고 했습니다.

"이모, 내일 고대 유물 보고 가면 안 돼?"

가람이가 이모에게 물었습니다. 사실 우리는 내일 다른 곳으로 떠날 예정이었습니다.

"안 돼. 담에 또 오자."

이모의 단호한 대답에 우리는 무척 실망했습니다. 시저 아저씨와 이제 막 친해졌는데 헤어지기가 아쉬웠습니다. 시저 아저씨와 이모를 엮어 주기로 한 가람이의 계획도 아직 이뤄지지 않았는데 말이죠.

"이모, 우리 좀 더 있다 가면 안 돼?"

가람이가 이모를 졸랐습니다.

"안 돼. 여기서 일정은 피타고라스의 유적을 보는 거였잖아. 목적을 달성했으니 이제 다음 일정대로 움직여야지. 아저씨도 자기 일을 해야 하지 않겠어? 너희들 이탈리아에 올 때 잔뜩 계획 세웠던 것 잊은 거야?"

이모가 우리를 타일렀습니다.

"난 피타고라스만 만나고 가도 좋을 것 같은데."

"이모, 딱 하루만 더 있으면 안 될까?"

가람이와 난 애교 섞인 말투로 이모를 졸랐습니다. 가람이의 애교 덕분에 이모는 약간 흔들리는 표정이었습니다.

"유 워너 스테이 모어(you wanna stay more)? 더 지내. 노 프라블럼(no problem). 댓츠 오케이(that's okay). 괜찮아. 우리 집 괜찮아."

시저 아저씨가 이모에게 말했습니다.

"고맙지만 안 돼. 더 신세질 수는 없어."

이모의 말에 시저 아저씨는 입을 다물었습니다. 시저 아저씨도 가람이와 나처럼 무척 서운한 표정이었습니다. 그렇지만 이모가 너무 완강해 더 이상 조를 수가 없었습니다. 우리는 이모와 배낭여행 일정을 모두 짜서 이탈리아에 왔습니다. 아쉽지만 이모가 말한 것처럼 다음 여행지로 떠나야 했습니다.

견인차가 정비소까지 아저씨 차를 끌어다 놓았습니다. 우리는 차에서 내려 또 한동안 기다렸습니다. 차는 금세 수리를 마쳤습니다. 우리는 다시 멀쩡해진 차를 타고 아저씨의 집으로 돌아왔습니다.

"오늘은 밖에서 저녁을 먹을까?"

아저씨가 집으로 들어가며 말했습니다.

"와, 좋아요!"

가람이가 팔짝 뛰며 좋아했습니다.

우리는 저녁을 먹기 위해 일찍 해변으로 나왔습니다. 아저씨는 고기 굽는 그릴을 설치하고 숯을 넣어 불을 붙였습니다. 그리고 석쇠 위에 고기와 소시지, 양송이 같은 것들을 올려놓았습니다. 우리는 바닷가에 둘러앉아 아저씨가 구워 주시는 것들을 맛있게 먹었습니다. 히히.

"피타고라스학파 사람들도 이렇게 함께 보여서 식사를 했을까?"

"공동체 생활을 했으니 그랬겠지."

가람이의 말에 시저 아저씨가 웃으며 대답해 주었습니다.

"아까는 피타고라스한테 아주 치를 떨더니."

이모가 양송이를 꼬치에서 빼며 히죽 웃었습니다. 난 소시지를 후후 불며 말했습니다.

"나도 아깐 그랬는데 마음이 조금 누그러졌어. 어쨌든 피타고라스는 교과서에 나올 정도로 천재였던 건 맞잖아? 피타고라스의 정리는 좀 싫지만, 피타고라스가 말한 수의 조화라는 건 정말 신비로운 것 같아. 시저 아저씨가 설명을 잘 해 주셔서 기억에 오래 남을 것 같아. 후후, 다 식었다."

난 소시지를 한입 가득 물었습니다. 시저 아저씨와 이모가 나를 보며 대견해 하였습니다.

"칫! 잘났어, 정말."

"또 왜 그래?"

가람이가 입을 삐죽거리자 이모가 물었습니다.

"언니가 피타고라스에 대해 안 배운 것도 있는 것 같은데."

가람이가 엉뚱한 소리를 했습니다.

"뭘 안 배웠는데?"

이모가 무슨 소리냐는 듯 물었습니다. 시저 아저씨도 궁금한 표정으로 가람이에게 시선을 주었습니다.

"피타고라스는 자신이 한 일을 떠벌리지 않았다는데 그건 못 배웠나 보지?"

가람이가 날카롭게 쏘아보며 퉁을 놓았습니다. 가람이의 말에 이모와 시저 아저씨가 웃음을 터뜨렸습니다. 어제 유적지에서 이모가 했던 말 그대로 내게 복수하고 있는 거잖아요! 그렇게 참자고 다짐을 했건만 가람이가 또 괘씸해졌습니다. 어휴, 저걸 그냥!

아니야. 내가 언니야. 가람인 어려서 그래. 언니인 내가 참자……. 속으로 주문을 외우듯 되뇌었습니다. 사실 가람이는 이렇게 엉뚱한 말을 할 때 가장 가람이답습니다. 그 엉뚱함으로 지금처럼 주변 사람들을 즐겁게 만드는 것이지요.

그래요. 가람이에게 화낼 일이 아니라, 가람이 덕에 한바탕 웃음꽃이 피었던 것이에요.

"가람이는 피타고라스 이야기 중 뭐가 가장 인상에 남았니?"

이모가 물었습니다. 가람이는 잠시 생각에 잠기더니 대답했습니다.

"피타고라스가 콩밭에서 죽었다는 거."

"다른 것은?"

"피타고라스가 수의 조화도 재미있었어."

"우와! 우리 가람이도 사실은 다 알고 있었네?"

가람이의 말에 이모가 목청을 높였습니다. 그러자 가람이는 신이 나서 덧붙였습니다.

"그럼. 조화를 잘 이뤄야 좋은 세상이 된다고 했잖아."

"그래. 바로 그거야. 아유, 우리 가람이 똑똑해라."

이모가 가람이를 꽉 끌어안으며 칭찬했습니다. 이모의 말 한 마디에 금방 신나 하는 모습이라니. 하하. 가람인 역시 귀여운 내 동생이에요.

"가람, 유민. 알 비 미싱(I'll be missing). 많이 보고 싶어."

시저 아저씨가 서운한 얼굴로 말했습니다. 한국말은 잘 못해도 아저씨의 마음만은 그대로 전해졌습니다. 난 그만 눈이 촉촉해졌습니다.

"우리도 아저씨가 많이 보고 싶을 거예요."

그때 가람이가 톡 튀어나오며 아저씨에게 물었습니다.

"아저씨! 우리 이모 좋아하죠?"

"얘가!"

이모가 눈을 흘기더니 얼굴이 붉어졌습니다. 하지만 아저씨는 개의치 않고 대답했습니다.

"우리 다시 만나. 웬 위 밋 어게인(when we meet again), 알

비 힐 러버(I'll be her lover) 되기 위해 노력해. 알 트라이(I'll try). 열심히 노력할게."

"끼야호!"

"유후!"

시저 아저씨의 말에 가람이와 나는 환호성을 지르며 좋아했습니다. 이모는 얼굴이 잔뜩 빨개져서 터져 나오는 웃음을 참는 듯 입을 가리고 몸을 들썩였습니다. 가람이의 꺅꺅 소리가 해변에 가득 찼습니다.

불티가 별이 되고 싶은지 자꾸만 하늘로 올라갔습니다.

피타고라스학파의 변화

피타고라스학파는 영혼을 깨끗이 하기 위해서 많은 노력을 했습니다. 그 하나의 예로 사람의 영혼을 올림픽 경기에 비유했답니다. 피타고라스는 올림픽 경기장에 오는 사람들을 세 가지 부류로 나눴습니다.

첫째, 돈을 벌기 위해 경기장에서 물건을 파는 사람.

둘째, 명예와 돈을 위해서 운동을 하는 선수.

셋째, 단순히 운동 경기를 관람하는 관객.

피타고라스는 이 중 돈을 벌기 위해 경기장에서 물건을 파는 사람을 자신의 이익만을 위해 노력하는 사람으로 보았습니다. 그리고 명예를 위해서 운동하는 선수는 벼슬자리를 위해서 일하는 사람으로 보았답니다. 마지막으로 단순히 운동 경기를 보는 사람을 가장 훌륭한 사람으로 보았

습니다. 왜냐하면 그들은 지혜를 얻기 위해서 생각하는 사람이라고 여겼기 때문입니다. 이런 피타고라스의 생각에 따라 피타고라스학파는 세상에서 일어나는 모든 세속적인 문제에 관심을 갖지 않게 되었답니다.

당시에는 돈을 벌고 명예를 위해 노력하는 사람들이 많았습니다. 그런 그들에게 피타고라스학파는 지혜를 얻기 위해서 생각하는 것이 가장 좋은 일이라고 주장했습니다. 정말 지혜로운 사람은 욕심을 버리고 영혼을 깨끗이 하여 죽은 다음에 다시 사는 법을 찾아야 한다고 말이지요.

피타고라스학파는 지혜로운 생각을 위해서 수와 깨끗한 영혼의 중요성을 가르쳤습니다. 수의 생각을 과학에 적용한 피타고라스는 깨끗한 영혼을 위해 금기사항을 정하고 이를 중심으로 강도 높은 도덕 교육을 실시했습니다.

반면 보이지 않는 영혼을 깨끗이 해야 한다는 피타고라스학파의 생각은 기적과 같은 주술적이고 마술적인 방법을 동원하기도 하였습니다. 그래서 피타고라스학파는 결국 수학과 도덕을 중요시하는 사람과 마술적이고 기적을 좋아하는 사람, 이렇게 전혀 다른 두 부류로 나누어지고 말았답니다.

처음에는 많은 사람들이 파타고라스의 생각에 동조하였습니다. 그러나 시간이 지나면서 피타고라스학파 안에서도 서로 다른 생각을 갖게 되었습니다. 그리하여 공동체의 조화가 깨지기 시작했지요. 이렇게 분열된 피타고라스학파 사람들은 서로 다투기 시작했답니다.

이 싸움이 크게 번져 결국 피타고라스학파는 무너지게 되었습니다. 그리고 피타고라스는 피타고라스학파 사람들에게 쫓겨 도망치다가 이탈리아 어느 콩밭에서 민주주의를 원하는 사람들에게 죽음을 당하고 말았습니다.

에필로그

다음날 아침 우리는 다음 여행지로 가기 위해 시저 아저씨 어머니와 작별 인사를 하고 집을 나왔습니다. 아저씨는 처음 만났던 기차역까지 우릴 자동차로 바래다주었습니다.

"가람, 유민. 굿바이. 안녕."

"굿바이, 시저. 아저씨, 잘 있어요."

"아저씨, 씨 유 어게인(see you again). 안녕!"

차가 출발하자 우린 아저씨에게 손을 흔들었습니다. 아저씨도 우리가 보이지 않을 때까지 손을 흔들어 주었습니다.

고물차를 몰고 다니는 시저 아저씨. 피타고라스 이야기를 들려주던 시저 아저씨. 소시지를 구워 주던 시저 아저씨. 그리고 무엇보다도 우리 지호 이모의 애인이 될 시저 아저씨!

누가 이 멋진 이탈리아 아저씨를 잊을 수 있겠어요? 이탈리아에서의
추억을 영원히 간직할 거예요.

통합형 논술
활용노트

01 (가)와 (나)를 읽고 우리 생활 속에서 수로 표현할 수 있는 것과 없는 것은 무엇이 있는지 이야기해 보시오.

(가) 마지막으로 피타고라스는 수를 사람의 도덕이나 윤리에도 적용하고 있답니다. 사람이 사는 사회에는 가치 있는 것, 훌륭한 것, 정밀한 것, 나쁜 것, 정확한 것 등이 있습니다. 가장 좋은 사람, 가장 좋은 사회는 이런 모든 것들이 적당한 비율로 나타날 때입니다. 따라서 수는 사람과 사회의 사물들에 적용되면서 도덕이나 윤리적인 의미를 갖게 됩니다. 피타고라스는 이 같은 생각으로 세상 모든 것에 수를 적용시켰습니다. 그리고 그 수의 비율이 적당하게 유지될 때, 가장 좋은 사회, 가장 좋은 세상이 된다고 믿었지요.

－《피타고라스가 들려주는 수 이야기》 중

(나) 현대사회는 지나치게 물질의 시대로 치달아 정신적 가치를 소홀히 하게 된다고 많은 사람들이 걱정을 하고 개탄을 하기도 한다. 그러나 숫자 문화라고 하는 측면에서 보면 시대가 갈수록 더 관념적이고 추상적으로 되어간다. 모든 현상과 가치가 최종적으로 숫자로 치환되어 인식되고, 그것이 인간의 만족도와 행복도를 결정짓기 때문이다. 국가총생산력이라든지, 국민소득이라든지 하는 사회적 지표로부터, 개인의 소득과 재산, 학업이나 기능의 평가 등이 모두 숫자의 형태로 마무리된다. 인간

사유의 마지막 단계에는 숫자만으로 채워져 있지 않을까?

(······)

피타고라스는 만물은 수로 이루어져 있다고 하였다. 만물이 수로 이루어져 있다기보다는 인간이 만물을 수로 파악한다고 하는 것이 더 정확한 이해일 것이다. 현대인은 지나치게 물질 지향적인 삶을 산다고 모두들 걱정하지만, 알고 보면 경험적 세계에 대한 감성적 판단보다는 추상적이고 관념적인 수리 체계에 더 골몰해 살고 있다. 현대인은 물질도 정신도 아닌, 숫자를 위해 살고 있는 것이 아닐까?

- ○○일보, 2008년 9월 2일자

02 제시문(가)의 탈레스와 제시문(나)의 피타고라스가 세계의 근원이
무엇이고, 왜 그렇게 생각했는지 적어 보시오.

(가) 탈레스는 '만약 제우스를 비롯한 올림포스의 신들이 이 세상을 만
들지 않았다면, 어떻게 이 세상이 존재하는 것일까?' 하고 생각해 보았
습니다.

탈레스는 이에 대한 답으로 '물'을 얘기했습니다. 그는 물이야말로 모든
물질을 구성하는 근본 요소라고 생각했는데, 고대 그리스 사람들은 이것
을 '아르케'라고 불렀습니다. 이 아르케를 우리말로 옮기면 '원래의 물
질'이란 뜻으로 '원질'이라고 합니다.

그럼 왜 탈레스는 물을 아르케라고 보았던 것일까요? 탈레스는 먼저 자
연 속에서 살아 있는 것과 죽은 것을 나누었습니다. 그리고 그는 살아
있는 것과 죽은 것을 구분할 수 있는 결정적 요소를 물이라고 생각했던
것입니다.

- 《탈레스가 들려주는 아르케 이야기》중

(나) 피타고라스는 이 세상의 모든 것을 수로 표시하였습니다. 점을 모
아 도형을 만들고, 그 도형을 수로 나타내려 했지요. 그러던 중에 그 유
명한 피타고라스 정리를 발견한 거예요.

피타고라스는 수를 음악과 의학에도 적용시켰습니다. 그는 한 옥타브와

4도 음정, 5도 음정 사이에 항상 일정한 수의 비율이 있음을 발견했지요. 소음이란 수가 조화를 이루지 않은 소리라고 했답니다. 그렇기 때문에 수적으로 조화를 이루면 소음도 음악이 된다고 피타고라스는 생각했던 거예요.

피타고라스는 사람의 몸도 수의 조화로 보았습니다. 사람의 몸은 차가운 것과 더운 것, 젖은 것과 마른 것의 조화라고 피타고라스는 생각했던 것입니다. 사람이 건강한 것은 이런 것들이 수적으로 조화를 이루고 있는 상태지요. 그러나 이런 것이 조화를 이루지 못하면 사람은 아프게 됩니다. 피타고라스는 의학 또한 수의 형식에 따른 원리로 설명하였습니다.

—《피타고라스가 들려주는 수 이야기》중

통합형 논술
문제풀이

01 오늘날 우리의 생활 속에서는 수로 표현 못할 것이 거의 없는 것처럼 보입니다. 얼마나 공부를 열심히 했는가 알기 위해 시험을 쳐서 성적으로 등수를 가립니다. 상품에 정해진 가격은 그 상품의 가치 정도를 나타냅니다. 경매나 감정은 물건의 가치를 액수로 표현하는 대표적인 방식입니다. 키와 몸무게를 알면 모르는 사람이라 하더라도 그 사람의 대략적인 모습을 상상할 수 있고, 학교에는 각 반마다 학년과 반 번호가 적힌 명패가 있어 정확히 찾아갈 수 있습니다. 숫자로 표현할 수 없을 것 같은 행복도나 만족도와 같은 것도 설문 조사를 통해 통계를 내서 숫자로 표현합니다.

하지만 수는 세상 모든 걸 표현하지 못합니다. 성적이나 등수가 그 학생이 어떤 방법으로 공부를 하고 어떤 목표를 가지고 어떤 마음으로 공부를 했는지 말해주지 않습니다. 상품 가격이 어떠한 사람의 손을 거쳐 어떤 과정으로 그 상품이 만들어졌는지, 또 상품을 개발하고 만드는 데 들어간 정성이 얼마나 되는지는 반영하지 않습니다. 키와 몸무게가 그 사람의 내면을 알려주진 않습니다. 교실 번호는 알 수 있지만 그 교실이 얼마나 화목한 분위기인지 숫자로 나타낼 수 있을까요? 행복도나 만족도와 같은 통계 수치를 보더라도 조사 대상 개개인이 어떠한 가치관을 가지고 어떤 현실 속에서 살아가기에 행복 혹은 불행한지를 알 순 없습니다.

말하자면 수는 만물을 이루는 원질이 아니라 만물의 일부분을 눈에 잘 띄게 표현하는 표시라고 할 수 있습니다.

02 인간과 식물은 물과 공기가 없이는 살 수 없습니다. 지금 당장 인간이 달에서 살 수 없는 이유도 물과 공기가 없기 때문이고, 화성에서도 물의 흔적을 찾기 위해 연구를 계속하고 있습니다. 물은 인간을 포함한 모든 생명체가 살아가는 근본 요소이기 때문에 탈레스는 세계의 근원이 물이라고 하였습니다. 피타고라스는 세계의 근원을 수라고 하였는데, 수는 어떤 물체도 아니고 눈에 보이거나 만져지

는 형상이 아닙니다. 그러나 피타고라스는 수로 이루어진 세계를 수로 나타내려고 하였습니다. 숫자 하나하나를 사물에 대응시켰는데, '1'은 '점'입니다. 이것은 오늘날 원자와 같은 것을 보면 쉽게 이해할 수 있습니다. '2'는 두 점을 이은 '선'이며, '3'은 세 선이 이어진 '평면'입니다. 그리고 '4'는 '입체'로 보았습니다. 세상의 모든 것은 선과 점으로 구성되었다고 한 피타고라스의 주장에 따르면, 모든 사물은 형태를 갖고 있고, 이 형태는 다시 숫자나 점과 선으로 분리될 수 있습니다.